# 古典文獻研究輯刊

## 三八編

潘美月・杜潔祥 主編

# 第 9 冊

## 《伊川易傳》大義通釋
### （第一冊）

程 強 著

國家圖書館出版品預行編目資料

《伊川易傳》大義通釋（第一冊）／程強 著 -- 初版 -- 新北市：
花木蘭文化事業有限公司，2024〔民 113〕
序 2+ 目 4+166 面；19×26 公分
（古典文獻研究輯刊 三八編；第 9 冊）
ISBN 978-626-344-712-7（精裝）
1.CST：易經 2.CST：研究考訂
011.08                                                      112022583

ISBN-978-626-344-712-7

9 786263 447127

古典文獻研究輯刊
三八編　第九冊                          ISBN：978-626-344-712-7

《伊川易傳》大義通釋
（第一冊）

作　　者　程　強
主　　編　潘美月、杜潔祥
總 編 輯　杜潔祥
副總編輯　楊嘉樂
編輯主任　許郁翎
編　　輯　潘玟靜、蔡正宣　美術編輯　陳逸婷
出　　版　花木蘭文化事業有限公司
發 行 人　高小娟
聯絡地址　235 新北市中和區中安街七二號十三樓
　　　　　電話：02-2923-1455 ／傳真：02-2923-1400
網　　址　http://www.huamulan.tw 信箱 service@huamulans.com
印　　刷　普羅文化出版廣告事業
初　　版　2024 年 3 月
定　　價　三八編 60 冊（精裝）新台幣 156,000 元　　版權所有・請勿翻印

# 《伊川易傳》大義通釋
## （第一冊）

程強 著

## 作者簡介

　　程強，余祖籍運漕，自高祖始輾轉至塔崗，後復遷至陶廠。祖父於光緒七年生於塔崗，民國三十年在陶廠南關口去世，停喪那日，鬼子正好入侵老鎮。父程理訓，民國十七年生，淳孝敦善，縫紉手藝人，一生嗜煙嗜茶，晚年又稍染小賭，1988 年 6 月 6 日去世。母李德珍，民國二十五年生於陶廠竹園李小莊，1953 年嫁給父親，年近九十，雖不識字，但一生通達，為女中丈夫。

　　余於 1971 年 3 月 22 日生，農曆辛亥二月廿六，初小就讀於當地，在運漕、含城念完高中。十六歲醉心於馬列，浸研三四載。高中輟學，輾轉於生意場。兩載後就讀於本地師範，後在鄉下任教十一年，期間多留意舊學，然駁雜不專，泛覽而已。2006 年，入安大，專攻儒學，三年後進上師繼之。畢業後，在黔地行教九年，始悟入道進學之門徑。2021 年底來蜀，落土涼州西昌學院。

　　余所篤信者：述而不作，信而好古，斯文若興，捨此豈可得乎？

## 提　　要

　　易有三聖，而後始能成經。

　　伏羲仰觀俯察，近取諸身，遠取諸物，畫三以象天地人，成經卦八：乾父坤母、六子之道成，易道之始靭也。

　　文王拘羑里，憂思惕懼，推演易道，首推乾坤，以定上下，繼之咸恒，以正男女，配之以卦辭，聖人之情繫焉。周公克紹父志，增益之以爻辭，成三百八十四之變，曲盡萬物之化，事變而吉凶顯，易道之中繼也。

　　孔子晚而喜易，行則在橐，居則衽席，韋編三絕，翼之以十，大贊乾健、坤順之德，君子居位處正，行健晦隱，與時消息，憂思以成其德。自此而始，《易》由卜筮之術變而為君子修德進業之道，易道之大成也。

　　中州程頤，直追孔聖於千載之下，專力於繫辭，闊略於象數，大贊天道人倫，於切己之身心日用皆多加留意，故能深切著明，思之不遠矣。伊川之傳，不尚玄遠，談天道必見諸於人事，論人事必順乎於天道，體用一源，顯微無間；其所立論，語語精到，句句篤實，無毫髮遺恨。伊川追宗文王、周公，紹述夫子，斷之以己意，使《易》成德於己，非株守訓詁耳！光大尚辭之易，使易一歸於正，夫子之後，伊川一人而已。

　　余生於伊川之後又千餘載，幼年便聞長輩吟誦二程之祖訓：「理學自中州，聲名垂大雅」，欣然嚮慕久矣！惜乎身處陋巷，困學無聞，雖欲求之，蒙然不知何由也！蹉跎四十餘載，始自悟進學之門徑。

　　今余欲紹續此道，追述伊川，光大尚辭之易，剔除西學之雜糅，復正斯土之絕學，不敢有作，以期無違於先賢，以盡綿薄，則無恨於此生。

# 弁　言

易有三聖，而後始能成經。

伏羲仰觀俯察，近取諸身，遠取諸物，畫三以象天地人，成經卦八：乾父坤母、六子之道成，易道之始軔也。

文王拘羑里，憂思惕懼，推演易道，首推乾坤，以定上下，繼之咸恒，以正男女，配之以卦辭，聖人之情繫焉。周公克紹父志，增益之以爻辭，成三百八十四之變，曲盡萬物之化，事變而吉凶顯，易道之中繼也。

孔子晚而喜易，行則在橐，居則衽席，韋編三絕，翼之以十，大贊乾健、坤順之德，君子居位處正，行健晦隱，與時消息，憂思以成其德。自此而始，《易》由卜筮之術變而為君子修德進業之道，易道之大成也。

中州程頤，直追孔聖於千載之下，專力於繫辭，闊略於象數，大贊天道人倫，於切己之身心日用皆多加留意，故能深切著明，思之不遠矣。伊川之傳，不尚玄遠，談天道必見諸於人事，論人事必順乎於天道，體用一源，顯微無間；其所立論，語語精到，句句篤實，無毫髮遺恨。伊川追宗文王、周公，紹述夫子，斷之以己意，使《易》成德於己，非株守訓詁耳！光大尚辭之易，使易一歸於正，夫子之後，伊川一人而已。

余生於伊川之後又千餘載，幼年便聞長輩吟誦二程之祖訓：「理學自中州，聲名垂大雅」，欣然嚮慕久矣！惜乎身處陋巷，困學無聞，雖欲求之，蒙然不知何由也！蹉跎四十餘載，始自悟進學之門徑。

今余欲紹續此道，追述伊川，光大尚辭之易，剔除西學之雜糅，復正斯土之絕學，不敢有作，以期無違於先賢，以盡綿薄，則無恨於此生。

# 目次

# 伊川易傳序

　　易，變易也，隨時變易以從道也。其為書也，廣大悉備，將以順性命之理，通幽明之故，盡事物之情，而示開物成務之道也。聖人之憂患後世，可謂至矣。去古雖遠，遺經尚存。然而前儒失意以傳言，後學誦言而忘味。自秦而下，蓋無傳矣。予生千載之後，悼斯文之湮晦，將俾後人沿流而求源，此傳所以作也。

　　《易》有聖人之道四焉：「以言者尚其辭，以動者尚其變，以製器者尚其象，以卜筮者尚其占。」吉凶消長之理、進退存亡之道備於辭。推辭考卦，可以知變，象與占在其中矣。君子居則觀其象而玩其辭，動則觀其變而玩其占；得於辭，不達其意者有矣，未有不得於辭而能通其意者也。至微者理也，至著者象也。體用一源，顯微無間。觀會通以行其典禮，則辭無所不備，故善學者，求言必自近。易於近者，非知言者也。予所傳者，辭也，由辭以得意，則在乎人焉。

　　　　　　　　　有宋元符二年己卯正月庚申，河南程頤正叔序

# 伊川易傳序之釋義

易，變易也，隨時變易以從道也。

　　易以道陰陽，陰陽者天地也，天地一陰陽。變易者，天地陰陽之變易也。時者，天之屬也。隨時者，隨天也。從道者，變易而不悖此道也。夫子云：「誰能出不由戶，何莫由斯道也。」萬物之行，皆由此道，未有不經此道者。

　　此道至廣大、至公平。至廣大，無物不容，天覆地載也；至公平，無物不均，各由其性也。

其為書也，廣大悉備，將以順性命之理，通幽明之故，盡事物之情，而示開物成務之道也。

　　其為書也，擬諸天地，故廣大悉備。

　　廣大，則無所不包；悉備，則無理不具。命自天降，性自物成，萬物得天之命而成其性，性命皆大源於天。

　　幽者，隱微也；明者，顯著也；通者，不隔也。天地幽明，易貫其中，無所不通也。易之為道，處高而低，居尊而卑，故能旁通萬物之情，曲成萬物之性。開者，始也；成者，終也；天地、聖人開其始，萬物、眾庶成其終。開物者，生物也；成務者，成物也，一言以蔽之，元亨利貞是也。

聖人之憂患後世，可謂至矣。去古雖遠，遺經尚存。然而前儒失意以傳言，後學誦言而忘味。自秦以下，蓋無傳矣。予生千載之後，悼斯文之湮晦，將俾後人沿流而求源，此傳所以作也。

　　聖人作《易》，擬諸天地萬象而無所不包，所以憂患後世者。

　　伊川作傳，去伏羲數千載，去文王、周公兩千年，距先師孔聖亦千餘載，

去古遠矣。然三聖所「遺經」者，六十四卦象，卦爻辭、十翼之文也。

君子隨時變易以從「道」，乃《易》之真「意」。「自秦以下，蓋無傳矣」，不傳此道矣。

悼，傷悼也；斯文，斯道也，乃伏羲、文王、周公、孔子之道。「文王既沒，文不在茲乎？天之將喪斯文也，後死者不得與於斯文也。」湮，沒也；晦，不明也；道不顯為湮晦。伊川作此傳，「將俾後人沿流而求源，此傳所以作也」。「流」者，伊川之易傳也。

《易》有聖人之道四焉：「以言者尚其辭，以動者尚其變，以製器者尚其象，以卜筮者尚其占。」吉凶消長之理，進退存亡之道，備於辭。推辭考卦，可以知變，象與占在其中矣。君子居則觀其象而玩其辭，動則觀其變而玩其占。得於辭，不達其意者有矣，未有不得於辭而能通其意者也。

《易》含聖人之道四：辭、變、象、占。繫辭以見聖人之情，爻變以見吉凶，觀象以製器物，疑而不決則尚其占。

君子者，自士以上言之。《禮三正記》云：卜龜，則「天子龜長一尺二寸，諸侯一尺，大夫八寸，士六寸。」揲蓍，則「天子蓍長九尺，諸侯七尺，大夫五尺，士三尺。」

居者，燕居之時。君子居時，無疑可決，無吉凶可卜，則觀卦爻之象，細味其辭。動者，行事為政之時。君子動時，臨事則有疑待決，事之吉凶則有待占，故君子觀卦爻之變，而細究筮占之辭。

樊遲問「知」，子曰「知人」，樊遲未達，所謂「得於辭而不達其意者」。然「辭達而已矣」，達其意也；通其意者，必達其辭。

**至微者理也，至著者象也。體用一源，顯微無間。**

理者，形而上之謂，不可見，故為微。象者，形而下者，著明可見，故為象。形而上者為體，形而下者為用，理顯諸於象，象寓存於理，體用一源也。顯為用，微為體，體用一源，本是一物，由體達用，顯微無間也。

程子《易傳》，事上見理，以達用，多務實。朱熹《本義》，在理上究竟，以達體，不免空疏。

**觀會通以行其典禮，則辭無所不備。**

會通，人情往來也，尤指君臣會聚、上下交通，或朝會、或燕享、或祭祀、或迎賓，此中必有規矩儀範，得以行其君臣上下、迎賓、祭祀之典禮。典禮，

大禮也。有聚會，必有言辭以達其衷心之誠，故「辭無所不備」也。

**故善學者，求言必自近。易於近者，非知言者也。予所傳者辭也，由辭以得意則在乎人焉。**

善學者，學之在己也。效法先賢，乃成就在己者，為善學。

考諸先賢之言，必察諸於己，一一對校自家舉措，求言必自近者也。若不能就一身之得失而學先賢之言論，不過口耳之學，徒事口舌。《詩》云：「伐柯伐柯，其則不遠。睨而視之，猶以為遠。」道不可睨而視之，而當反求一身，專於切己之病痛處一一對驗先賢之言，方為善學。

易者，忽怠也。忽怠於近諸身者，謂不能求諸己者，非知言也。

辭者，意之所載，道之所存。不能因辭得意、由辭得道，則非其人也。道不可傳，可傳者言辭耳。文以載道，道卻不在文中。程子身沒，其道不存，程子親證在己一身者不可傳也，僅文辭存於世而已。善學者當體之在身，看程子之文，反求諸己而得其意，一一求校而去，驗證於己之一身，則程子之道於千載之下，煥然明朗，文在茲也。茲者，己也；舍己，道何存焉？

# 上下篇義

【程傳】

乾、坤，天地之道，陰陽之本，故為上篇之首；坎、離，陰陽之成質，故為上篇之終。咸、恒，夫婦之道，生育之本，故為下篇之首；未濟，坎、離之合；既濟，坎、離之交，合而交則生物，陰陽之成功也，故為下篇之終。二篇之卦既分，而後推其義以為之次，《序卦》是也。

【釋義】

乾健坤順，乾生坤育，為天地之道，生生之本，其他六十二卦皆有乾坤衍生出來，乾坤正則萬物正，故列為上篇之首。本：根、源，始之謂。

坎為水，離為火，水火合而生物，陰陽之成質也。

咸，感也，少男感於少女。恒，久也，男上女下而序正。男女交感而後正，故能久長，乃男女夫婦之道。男女正則夫婦正，夫婦正則父子正，父子正君臣上下正，君臣上下正則天下百姓順正而安生，因故，咸、恒為生育之本。

未濟，坎下離上，水火合而不交；既濟，坎上離下，水火相就而交；兩卦相合，「合而交」也。合，未濟；交，既濟。坎離合而交，陰陽交合則生物。陰陽之成功，各成其道也，為下篇之終。

六十四卦分為上下，從卦義推出前後卦序，《序卦》也。

【程傳】

卦之分則以陰陽。陽盛者居上，居上篇。陰盛者居下。居下篇。所謂盛者，陽盛之卦。或以卦，或以爻。程子分上下篇的理由：卦陽盛居上篇，反之居下篇。卦與爻取義有不同。如剝：以卦言，則陰長陽剝也；以爻言，則陽極於上，又一陽為

眾陰之主也。剝卦在上篇，以爻言也——「陽極於上，為眾陰之主」。如大壯：以卦言，則陽長而壯；四陽處於下而健盛。以爻言，則陰盛於上，用各於其所，不相害也。大壯在下篇，以兩陰爻處於天位，盛於上也。

【釋義】

此節乃程子分上下篇之因由：卦陽盛居上篇，反之居下篇，然何為陽盛陰盛，又有卦爻之別。如蒙：以爻言，則陰多陽少，然一陽主於上，一陽居二為眾陰之主，故為陽盛之卦，居上篇。革卦諸爻相反：以爻言，陽多陰少，然一陰主於上，一陰居二為文明之主，故為陰盛之卦，居下篇。

【程傳】

乾，父也，主生言。莫亢焉；純剛，諸卦之中為最亢，莫亢也。坤，母也，主育言。非乾無與為敵也。敵，匹配之謂。故卦有乾者居上篇，有坤者居下篇。而復陽生，臨陽長，觀陽盛，剝陽極，則雖有坤而居上；姤陰生，遯陰長，大壯陰盛，夬陰極，則雖有乾而居下。

【釋義】

乾，以父喻之，六爻皆陽，諸卦中最亢的；坤，以母喻之，其作用功能只有乾才能與坤匹敵。敵，匹敵，非仇敵。

「卦有乾者居上篇，有坤者居下篇。」一般而言，非一定如此。如卦中有坤：師、比、泰、否、謙、豫、臨、觀、剝、復均在上篇，卦中有乾如大壯、夬又在下篇，故程子又增設爻位彌補此說：

「復陽生，臨陽長，觀陽盛，剝陽極，則雖有坤而居上；姤陰生，遯陰長，大壯陰盛，夬陰極，則雖有乾而居下。」

復卦，上體為坤，但一陽復始，必將漸長而盛，故列為上篇。臨卦，乃兩陽在下而漸長，卦主陽，故列為上篇。觀卦，兩陽居五、六天位，陽極盛大，為群陰之主，列為上篇。剝，雖陰逼陽，然陽居最上，列為上篇。有乾卦而處下篇的有，姤卦雖有五陽，但一陰生於下，與復類同。遯與臨類似，兩陰居下位，陰漸長大；大壯與觀類似，兩陰居上位；夬與剝相似，一陰居上六。

此處要說明一點，所謂卦中有乾卦、坤卦，是指上下體，非指互卦，如一卦中上三爻或下三爻為乾或坤，乃為卦中有乾坤。如蒙互卦有坤，三陰在三四五，不能說蒙卦有坤。鼎卦三陽處於二三四，鼎卦則無乾。一卦中是否含有乾、坤，需看乾、坤是否處於上、下卦中。

**【程傳】**

其餘有乾者皆在上篇，泰、否、需、訟、小畜、履、同人、大有、无妄、大畜也。有坤而在上篇，皆一陽之卦也。卦五陰而一陽，則一陽為之主，故一陽之卦就在上篇，師、謙、豫、比、復、剝也。

**【釋義】**

除了姤、遯、大壯、夬四卦列在下篇，其餘有乾卦的皆列在上篇，如「泰、否、需、訟、小畜、履、同人、大有、无妄、大畜也」。卦中有坤而處於上篇者，皆為一陽之卦，如師、謙、豫、比、復、剝。一卦中五爻為陰，則陽為主爻，故列於上篇。

**【程傳】**

其餘有坤者皆在下篇，晉、明夷、萃、升也。卦一陰五陽者，皆有乾也，又陽眾而盛也，雖眾陽說於一陰，說之而已，非如一陽為眾陰主也。王弼云：「一陰為之主」，非也。故一陰之卦皆在上篇，小畜、履、同人、大有也。

**【釋義】**

復、臨、觀、剝四卦，則雖有坤而居上篇，其餘有坤之卦皆列下篇，如「晉、明夷、萃、升」。

一卦中有一陽五陰皆處上篇，因陽為眾陰之主。然而，一卦中有一陰五陽則所處上下篇各異，夬、姤處於下篇，大有、小畜、履、同人皆處於上篇。

**【程傳】**

卦二陽者，有坤則居下篇；小過雖無坤，陰過之卦也，亦在下篇。其餘二陽之卦，皆一陽生於下而達於上，又二體皆陽，陽之盛也，皆在上篇，屯、蒙、頤、習坎也。陽生於下，謂震、坎在下也。震，生於下也。坎，始於中也。達於上，謂一陽至上，或得正位也。生於下而上達，陽暢之盛也。陽生於下而不達於上，又陰眾而陽寡，復失正位，陽之弱也，震也，解也。上有陽而下無陽，無本也，艮也，蹇也。震、坎、艮，以卦言則陽也，以爻言則皆始變，微也。而震之上艮之下無陽，坎則陽陷，皆非盛也。惟習坎則陽上達矣，故為盛卦。

**【釋義】**

一卦有兩陽且有坤卦，則列下篇。小過有二陽，雖無坤，然陰盛，故列於下篇。小過卦兩陰處於五六天位，為陰盛；同時，兩陰又處於初、二的位置，陰漸長之勢，也為陰盛。兩陽夾在四個陰之間，復又為陰盛也。

一卦中有兩陽爻，陽爻生在下卦，一般處於初、二，內外兩卦都是陽體，屬於陽盛之卦，皆列於上篇，如屯、蒙、頤、習坎，皆有兩陽爻與一坎體。坎雖為水屬陰，然為中男，且坎重點在陽坎陷兩陰，故坎體為陽。

「陽生於下，謂震、坎在下也。」兩個「下」都指陽在「下卦」，屯卦的下卦為震，蒙卦的下卦為坎。

「震，生於下也。坎，始於中也。」這個「下」為初爻，如屯卦，陽生於初爻。中，指下卦之中，如蒙卦，陽始於中。

「達於上，謂一陽至上，或得正位也。」「達於上」有兩種情況：一種情況是「一陽至上」，就是陽在六位，如頤卦。另一種情況是「或得正位」，指陽在五位（五為陽位，故稱為正），如習坎卦。

「如生於下而上達，陽暢之盛也。」就是一陽在初、二的位置——生於下也，一陽在五、六的位置——上達也，這就是兩陽昌盛之狀。

「陽生於下而不達於上，又陰眾而陽寡，復失正位，陽之弱也，震也，解也。」震卦有兩陽，下陽在初位，屬於「陽生於下」，但上陽沒有處於五、六之位，不屬於「達於上」，陽不暢盛，弱也。解卦，下陽在下卦之中，符合陽「生於下」，但上陽也沒有處於五、六，不符合「上達」，也是陽不暢盛。震、解兩卦都有一個共同的特點：上陽未處正位，都在陰四位，故此說「復失正位」。所以，這兩個卦都列在下篇，屬「陽之弱也」。

「上有陽而下無陽，無本也，艮也，蹇也。」艮、蹇也有兩陽，艮卦是上陽處於上，算「一陽至上」，但下陽處於三這個位置，不符合「生於下」，算是「無本」。蹇卦的下陽也處於三，也是「無本」。故兩卦都列在下篇。

「震、坎、艮，以卦言則陽也，以爻言則皆始變，微也。而震之上艮之下無陽，坎則陽陷，皆非盛也。惟習坎則陽上達矣，故為盛卦。」震、坎、艮三卦上、下都是陽體，所以說「以卦言則陽也。」但從爻位看，震上陽不處五六位，不中不上，陽不達於上。坎是上下兩陽受阻，陽被陰所陷，弱了很多。「艮之下無陽」，陽不處於初、二位，屬於「無本」。故此，這三個卦從陽的爻位來說，都改變了卦本身的陽盛而成陽弱之勢。唯有習坎卦，上下陽位置都恰當，故為盛卦。

## 【程傳】

二陰者，有乾則陽盛可知，需、訟、大畜、无妄也；無乾而為盛者，大過也，離也。大過陽盛於中，上下之陰弱矣。陽居上下，則綱紀於陰，頤是也。

陰居上下，不能主制於陽而反弱也；必上下各二陰，中惟兩陽，然後為勝，小過是也。大過、小過之名可見也。離則二體上下皆陽，陰實麗焉，陽之盛也。其餘二陰之卦，二體俱陰，陰盛也，皆在下篇，家人、睽、革、鼎、巽、兌、中孚也。

**【釋義】**

一卦之中有兩陰爻，且上下卦有乾卦的則屬於陽盛之卦，如「需、訟、大畜、无妄也。」

有兩陰爻而上下無乾的陽盛之卦，有大過、離。

大過卦，四陽居二三四五，陰處初上，「陽盛於中，上下之陰弱」也。

頤與大過爻皆相反：頤之陽居初上，陰居二三四五，按大過之規則，當是「陰盛於中」，然在頤則為上下之陽規範、約束群陰，故程子說：「陽居上下，則綱紀於陰，頤是也。」

如是陰爻居上下，則陰處上下，不在其位，反而為陽所壓制而孱弱也。

如一卦有四陰，兩陰居五、六，兩陰處初、二，兩陽夾在三四爻之間，此為陰勝陽，小過也。小過，乃陰小過（勝）於陽；然而，同處此境，大過則為陽大過（勝）於陰。

離卦上下兩體皆為陽大盛於陰，上下體皆陽，陰爻雖處於二、五之中，但附麗於陽，故此離卦所以陽強盛而置於上篇也。

除了離卦，其他有兩陰爻的卦，上下體皆陰，陰盛於陽，皆置於下篇，如「家人、睽、革、鼎、巽、兌、中孚也。」

按，離卦若置於上篇，家人、睽、革、鼎、巽、兌、中孚上體或下體有離，為何不可置於上篇？如睽，離居上體，兩陽生於下，從卦爻來說，皆為陽盛之卦；若因睽之下為少女，上為中女，故置於下篇，然離之上下皆中女，也當置於下篇。革卦也如此，上體為中女，上體為少女，當置於下篇，然陽居初、三、四、五，當屬陽盛，應置於上篇。其他，鼎、巽、兌、中孚皆有此種問題，按程子之說，實難分上下篇。

程子只說他觀易的道理，易在他如此，非一定如此方可。易道雖一，然遍在萬物之中則各有不同，月印萬川也，不必拘泥於程子之說，也不必拘泥於他人之說。

**【程傳】**

卦三陰三陽者敵也，力相當為敵。則以義為勝。陰陽尊卑之義，男女長少之

序，天地之大經也。大曰常。大經，常經也。陽少於陰而居上，三男三女相較，如中男少於長女，少男少於中女。則為勝。蠱，少陽居長陰上；上體艮為少男，下體巽為長女。賁，少男在中女上，皆陽盛也。坎雖陽卦，中男也。而陽為陰所陷，弱也，又與陰卦重，坎為水，陰卦也。陰盛也。故陰陽敵而有坎者，皆在下篇，困、井、渙、節、既濟、未濟也。此六卦上下體或有一坎。

【釋義】

一卦陰陽各半，有三陰有三陽，該卦之陰陽似是勢均力敵，然此卦中也許有陰盛陽盛之別，究竟為陽盛還是陰盛，應列於上篇還是下篇，還得觀具體之卦義。

常道為陽尊陰卑、男長女少，乃為天地大經，為一定之理。一卦分上下卦，從八卦對應長、中、少男女來看，如果上卦是陽卦，雖少於下卦之陰，也是陽盛。如上卦是少男，下卦為長女，此卦便是陽勝陰，置於上篇。

蠱卦，上面艮卦為少男（陽處上），下面巽卦為長女（陰處下），少男勝於長女，故置於上篇。賁卦，上面是艮卦少男，下面是離卦中女（陰處中），少男勝於中女，也是陽勝，置於上篇。

坎卦雖屬陽卦，中男（陽處中），但為兩陰所掩陷，陽處弱勢，同時，坎屬水，與「陰卦重也」，所以八卦的坎屬於「陰盛」（非六爻的坎卦）。因此，有三陽三陰的卦，只要有坎卦的，都置於下篇，如「困、井、渙、節、既濟、未濟也。」

【程傳】

或曰：「一體有坎，尚為陽陷，二體皆坎，反為陽盛，何也？」曰：「一體有坎，陽為陰所陷，又重於陰也；二體皆坎，陽生於下而達於上，又二體皆陽，可謂盛矣。」

【釋義】

疑問：「上下卦有一坎體，已屬陽陷溺；可怪者，上下體皆為坎，反為陽盛，何也？」答曰：「只有一體是坎，是陽為陰所陷溺，重在陽陷，是陽重於陰也。如果上下體皆為坎，則陽生於下，又達於上，二五剛陽正應，二體皆陽，故為陽盛。」

【程傳】

男在女上，乃理之常，未為盛也。若失正位而陰反居尊，則弱也。故恆、

損、歸妹、豐皆在下篇。此四卦陰皆居五。女在男上，陰之盛也。凡女居上者，皆在下篇，咸、益、漸、旅、困、渙、未濟也。唯隨與噬嗑，則男下女，非女勝男也。故隨之象曰：「剛來而下柔。」噬嗑象曰：「柔得中而上行。」長陽非少陰可敵，以長男下中少女，故為下之。若長少敵，勢力侔，侔，匹敵也。則陰在上為陵，陽在下為弱，咸、益之類是也。咸亦有下女之象，非以長下少也，乃二少相感以相與，所以致陵也，故有利貞之誡。困雖女少於男，乃陽陷而為陰掩，無相下之義也。

**【釋義】**

男在女上為常理，不能視為陽盛。如陽失去正位（如一三五的位置），而陰居五之尊位，則為陽弱於陰，故此，「恒、損、歸妹、豐皆在下篇。」恒卦三陰三陽，除了陽居三處正位，二、四陽皆非居正；而陰居五的尊位，上六之陰又處上位；初六之陰又在初位，有漸浸之勢；總體來看，三陽被三陰掩在其中，故恒卦列為下篇。損卦陽居二、六，非正位；陰居五，乃是尊位，故列為下篇。歸妹是陰居五、六上位，豐卦的陰爻也是如此。

凡是上卦為少、中、長女者，都是陰盛，一列置於下篇，如「咸、益、漸、旅、困、渙、未濟也。」

但也有例外，隨與噬嗑就是，兩卦都是男主動居女下，男下女也，並不是女勝男而居上。故隨卦的象辭說：「剛來而下柔。」陽往下行為「剛來」，主動在陰之下，為下柔。噬嗑的象辭說：「柔得中而上行。」噬嗑是兩陽居初與上，兩陰居二五中位。上離下震，離為中女，震為長男，離者附也，噬嗑乃是中女依附於長男之象，故陽為主宰，非是陰勝陽而居上。中女所以能居上於長男，乃是陰處中位守本分而得以上行。

「長陽非少陰可敵，以長男下中少女，故為下之。」此還是講噬嗑卦。震為長陽，長陽不是少陰可以匹敵的，以長男屈身處於於中女少女之下，那就是主動居下的。

「若長少敵，勢力侔，則陰在上為陵，陽在下為弱，咸、益之類是也。」如果長、少可以匹敵，勢力相當，那麼，陰在上卦就形成陵上之態，陽居下就是弱勢了，如「咸、益之類」。咸卦是上面是少女，下面是少男，陰陽勢力相當，故陰居上乃是強勢了。益卦是上面為長女，下面為長男，也是勢均力敵，陰居上乃勝陽。

「咸亦有下女之象，非以長下少也，乃二少相感以相與，所以致陵也，故

有利貞之誡。」咸卦看起來也有男少下少女之象，但因為都是少，所以他們之間不是強勢下弱勢，而是均勢的雙方相感相助而少男下少女，因少男非強勢作卑態，其所下少女而導致女強勢，所以對告誡陰需守貞。

「困雖女少於男，乃陽陷而為陰掩，無相下之義也。」困卦，上澤為少女，下坎卦為中男，乃「女少於男」。然而，陽爻受困，被陰所掩陷，中男沒有從容就下於少女的道理，故此說「無相下之義也。」

## 【程傳】

小過，二陽居四陰之中，則為陰盛；<sub>兩陰生於下，兩陰尊居於上，故為陰盛。</sub>中孚，二陰居四陽之中，而不為陽盛，何也？曰：陽體實，中孚中虛也。<sub>兩陰居三四，處一卦之中，為中虛。</sub>然則頤中四陰不為虛乎？曰：頤二體皆陽卦，下體為震為長男，上體為艮為少男。而本末皆陽，<sub>本為初，末為上。</sub>盛之至也。中孚二體皆陰卦，<sub>下體為兌為少女，上體為巽為長女。</sub>上下各二陽，不成本末之象，<sub>兩陽居初二，不為本，兩陽居五上，不為末。</sub>以其中虛，故為中孚，陰盛可知矣。

## 【釋義】

有問：「小過卦，二陽居三四爻位、裏夾在四陰之中，是陰盛陽；但中孚卦，二陰居三四爻位、裏夾在四陽之中，卻不是陽盛陰，理由何在？」答：「陽本性為實，但中孚卦三四爻是陰，陽被中虛了，陽虛是其落腳點，故此排在下篇。」

又問：「頤卦四陰處於二三四五之位，兩陽居初、六，豈不也是中虛嗎？」答：「頤卦兩體都是陽，上面是少男，下面是長男；同時本末都是陽，就是初、六爻都是陽爻，陽生於下達於上，陽非常盛大。中孚就不同了，上下兩體皆是陰，上為長女，下為少女。另外，上面兩個陽，下面也兩個陽，不成本末狀態（本末必須是上下皆是一陽）；加上陰處三、四位，形成中虛之象，故為中孚，陰顯然勝過陽。」

# 周易上經上・卷一

≡ **乾卦第一** 乾下乾上

乾：元，亨，利，貞

**【程傳】**

上古聖人始畫八卦，上古聖人，華夏人文之祖，包犧氏也。包犧氏仰觀俯察，近取遠效，始作八卦。畫者，描摹也，順天道，效而摹之。八卦之作，乃敬順之道，伏羲順贊天地、反諸於己，而成易道於一身。自伏羲始，中國人文便遵循「順贊」之法，「順」由天地，「贊」輔化育，「順」而後「贊」，孔聖祖述憲章，亦由順贊之道。**三才之道備矣**〔註1〕。三爻一畫為天，一畫為地，一畫為人，象三才。人為萬物之靈，能統攝萬物，故不別言萬物。乾、坤、震、巽、坎、離、艮、兌，八卦都為天地自然，卻沒有人，何以稱三才之道備矣？不稱人，謙之也，小我而大天地。乾稱父，坤稱母，父母生六子，人在其中，大我而與天人一，故八卦自備三才。**因而重之**，因順八卦，重為六十四，此文王述贊之義〔註2〕。**以盡天下之變，**八卦三，陰陽重則為六，故六始為變。六十四卦、三百八十四爻，囊盡天下人事之變。**故六畫**

---

〔註1〕八卦又名「伏羲卦」、「八經卦」；因每卦三爻，又稱單卦、三爻卦。

〔註2〕按，《歸藏》也為複卦，故文王「重卦」恐與六十四卦排序有關，如《歸藏》首坤，《周易》首乾。《帝王世紀》：「庖羲氏作八卦，神農重之，為六十四卦。黃帝、堯、舜引而伸之，分為二《易》。至夏人因炎帝曰《連山》；殷人因黃帝曰《歸藏》；文王廣六十四卦，著九六之爻，謂之《周易》。」是以重卦非始于文王，文王當以自己的重卦來重列卦序——上篇乾坤，下篇鹹恒，正天地以正男女，正男女以正君臣父子，正君臣父子以正天下，正天下以安百姓萬物，天尊地卑，皆各有所序，此文王重序之因，別有價值所指。

而成卦。成六十四之別卦〔註3〕。**重乾為乾**。乾上乾下為重，重為別卦之乾。健之又健，健而不已為天德。**乾，天也**。天之健行為乾。**天者天之形體**，天之形體，無形、覆蓋、廣大也。**乾者天之性情**。乾以剛健不已為性情。性，生而固有者；情，動而形顯者。**乾，健也，健而無息之謂乾**。健而無息，日月星辰之行，不息其動也。**夫天，專言之則道也**，專言，統而言之，一言以蔽之。天，一言以蔽之，道也。道者，道路也、導也。天為天之道，道路也；人順由天之道路，導也。二者一而二，二而一。天變，人必「順」變，天有四時之變，人有四時之應。天，莫大之道路，莫大之嚮導！人必順由此道而行，誰能出不由戶，何莫由斯道也！**天且弗違是也**；天之形下者陰陽也，天之形上者剛健也，陰陽之行在剛健，天且弗違也。天必由其道而行，人必由其性而順。天以四時行其道，循環往復，剛健不息，天與其道渾然為一，未有剎那分析。人則有私意、有妄作，時行其道，又時背其道。**分而言之，則以形體謂之天，以主宰謂之帝**，天為萬物制度，萬物由之而行，故為主宰。帝，生物之祖也，天生物之則──元亨利貞──由帝而出，故為主宰。**以功用為之鬼神**，功用，可見也。鬼神，陰陽伸縮之道也。伸為神，為春夏，為陽氣；縮為鬼，為秋冬，為陰氣；陰陽交合為天地、萬物、四季，皆鬼神所為。**以妙用謂之神**，妙用，不可見也。無端倪可見為妙。神言生也，不可測度，只可順受，況之謂神。**以性情謂之乾**。專言之，健行為天地性情。分言之，生物之心為天之性，四季流行為天之情。**乾者萬物之始**，乾主生，為萬物之始出。**故為天，為陽，為父，為君**。君定制度，使民生息，故主生。如天為萬物定則一般。**元、亨、利、貞謂之四德**。在己為德，內有之充實，不假助於外，可以真性情名之，謂之德也〔註4〕。**元者萬物之始**，元以始言，萬物之所出，故為大。**亨者萬物之長**，亨者，道之順暢，萬物之盛也。**利者萬物之遂**，天成遂萬物而不有萬物，為利。利，言其公也，私而有之，非天之利物之道。**貞者萬物之成**。堅貞此道而不改則物成，慎終之謂也。**惟乾坤有此四德，在他卦則隨事而變焉**。**故元專為善大**，生物為善；善之首，故為大。**利主於正固**，健行其正而不息，終始一道，則利成萬物而不有，正得以固。**亨貞之體**，亨之體在己，貞之體在己，亨貞之體也。體，乃以體踐之義。**各稱其事**。物體「元」則始生物，體「亨」則盛大，體「利」則成物，體「貞」則固正，各稱其事也。**四德之義，廣矣大矣**。廣言覆蓋，大言意義。

---

〔註3〕六畫卦又稱重卦、別卦、六爻卦，六爻也分天地人三才，初二為地，三四為人，五上為天。

〔註4〕孟子云：「舜之居深山之中，與木石居，與鹿豕遊，其所以異于深山之野人者幾希；及其聞一善言，見一善行，若決江河，沛然莫之能禦也。」舜之真性情如決江河，莫之能禦，故此，真性情與德本為一物，非兩事。

**【釋義】**

易之經文分上下，上經正始於天地，天地正，萬物順之而正，故以乾坤；下經以正始於男女，男女正，五倫本之而正，故以咸恒。

☰，乾之象也。《易緯》云：「卦者掛也，言縣掛物象，以示於人，故謂之卦。」卦分經、別卦，經卦八，別卦六十四，皆以懸象以示人：八卦，掛八象；六十四卦，掛六十四象。聖人觀其象，反求諸己而成卦爻辭、十翼。易之經，古人為象、卦爻辭，今人又益之十翼。後人觀象玩辭，則為傳。傳者，傳承聖人之道，名之曰「傳」，言其不敢於聖人之外別有造作，謙卑也。如《周易程氏傳》，為程子觀象玩辭、體之於身、傳聖人之易學。

乾，卦名；元，亨，利，貞，乾之卦辭，文王作之，朱熹以為當斷為「元亨，利貞」，方為文王之舊義。乾有始物之義，名之曰「元」；有長物之義，名之曰「亨」；有利物之義，名之曰「利」；固此三者之則，名之曰「貞」。

元者，始生萬物而為之祖，生生之德為始，天為生生之祖，故歸生德之源於天。陽主生，父生子，君生萬民。亨者，萬物由乾而盛大，生意暢達，長物也。利者，利萬物之生而不有。貞者，貞固乾健之德而不離。

利主和，《子夏易》：「利，和也。」與萬物和處而不爭，方能利他。利他也有順勢之義，利他需順他之勢方可，利他而順己意，豈能有利於他？故利當遂物：「遂」要順著他的、隨著他的，唯如此，萬物順其長大而獲其自性，成就其性為遂，各遂其性。俗語「遂了心願」，讓自性暢達，便是「遂」。

貞，正也，固正為貞，貞固也。萬物獲其性而能固守之，為貞固，故為「萬物之成」。成，是要定格、守住，把遂了的性定住、格守之，便是「成」。萬物遂其固有之性，必貞固其在天之健，方可遂成。

乾之四德皆是天健行時顯露的大德，天行無為而成就萬物，形成「元，亨，利，貞」四貌，即是天之健行之貌，也是萬物生生而成之貌。

**【補遺】**

元為生物之始，生物便是善，善始為大。古人講「大」一般含時間初始義，如天、祖、長皆為大。

義與利比則成大利，義取公義，私利為小利，天利萬物乃為公利為大利。「利」之前，有元、亨二字，故「利」之遂，當有始善且亨通其善，而後遂成其利，故利中必有貞固之事要做。只去利他長大，不去貞固，性必旁溢而入歧途。一邊利，一邊又需貞固，兩手都需篤定實實去做。

亨，乾剛通暢其間，萬物便盛通長大，乾能亨物，物由乾而亨盛。萬物生生，必也得讓萬物順遂天道而不旁溢，此便需「貞」義。「貞」需在「順」德上下工夫，不順則不貞，貞要守住一個「順」，順天道便是貞之要義，唯順天道則物能成其自性。

亨貞二字，分則兩事，合則一事——亨是貞之亨，貞是亨中貞；貞必有亨通，方為貞固，無亨通其善，如何貞固？一個人寂寞守貞，閉戶安息，不能推己及人、修齊治平，貞便是自了漢的貞。亨貞，貞德放光，讓貞義亨通無阻。貞，亮了自己，也亮了他人，方是「亨貞」。

四德隨萬物終始，萬物遂其性而貞固不失，廣矣大矣。

## 初九，潛龍勿用。

### 【程傳】

**下爻為初，九陽數之盛，故以名陽爻。**初九之命名：居初之陽爻。每卦有六個爻，爻從下往上數，為初、二、三、四、五、上。下爻就是初爻。單數為陽，九為陽數最大，故稱陽數之盛，以九命名陽爻。**理無形也，故假象以顯義。**假，借助。象，初九之爻象，潛龍也。「理」需假借於事，憑空說不得，故聖人掛六十四象，所謂「假象以顯義」。**乾以龍為象。**龍乃升騰變化之物，以象乾之剛健不居。**龍之為物，靈變不測，故以象乾道變化，陽氣消息，**消為退，息為長。**聖人進退。**觀乾陽消息，聖人因之進退。**初九在一卦之下，為始物之端，**始生物。**陽氣方萌。**初春之時，天地之陽方萌發，未能大用於生物之利，潛藏待時，故言勿用。**聖人側微，**側，處不在中之謂。微，處卑也。君子不得其時，處卑賤，亦為勿用。**若龍之潛隱，未可自用，**臣子待命而行，自用則不由道。君子側微之時，當待大人提拔之，未可自薦為用。**當晦藏以俟時。**時晦則藏，待可用之時則出。

### 【釋義】

爻象「潛龍」也，占則「勿用」。觀潛龍之象，君子戒勿自用。剛居初始，君子側微之時，故不得用於世。潛龍之時，君子德業未充，不可大用，如陽氣始萌，不可生物，君子修德未成，亦不能行道於世，如「入孝出悌」、「謹信愛眾」、「宗族稱孝焉，鄉黨稱悌焉」之類，皆為潛龍未用之時。

《二三子問》：「《易》曰『寢龍勿用』。孔子曰：『龍寢矣而不陽，時至矣而不出，可謂寢矣。大人安伏矣而不朝，……亦猶龍之寢也。其行滅而不可用也，故曰「寢龍勿用」。』」《二三子問》「潛龍」作「寢龍」，寢龍時至不醒，大人宴息不朝，故不可為用。

**【補遺】**

龍變化莫測，靈變不居。孔子云：「龍大矣。龍形遷，假賓於帝，倪神聖之德也。高尚行乎星辰日月二不眺，能陽也；下綸窮深淵之淵而不沫，能陰也。上則風雨奉之，下綸則有天□□□。□乎深，則魚蛟先後之，水流之物莫不隨從；陵處，則雷神養只，風雨避鄉，鳥獸弗幹。曰：龍大矣。龍既能雲變，又能蛇變，又能魚變，飛鳥〔魚〕蟲，唯所欲化，而不失本形，神能之至也。」（《二三子問》）

龍能陰能陽，淵居陵處皆得其養，應變萬物而不失其根本，無形以應萬變，且又以升騰為其本性，故象乾剛。龍之潛升，象陽氣消息，聖人觀之而進退其道。消，消亡也，退縮也；息，孳生也，進取也。陽氣消，君子之道消，聖人退，卷而懷之也；陽氣息，君子之道長，聖人進，修齊治平也。

初九在一卦之下，在時乃陽氣始萌，物始生之時。孔穎達：「言天之自然之氣起於建子之月，陰氣始盛，陽氣潛在地下，故言初九潛龍也。」建子之月，農曆十一月，陽氣不足以讓蟲草萌動，以之喻初九潛龍之時。

聖人觀天道潛藏，生生之氣未能行於天下，君子之道未彰，故當側微潛隱，修德進業，卷道不用，以待時機。

龍本以變化不居、升騰為上、化育天下為本。初九所謂之潛龍，乃君子不能「行己有恥，使於四方」，而利及天下，故以潛龍象之。孝悌之道為君子之本，而「施於有政」方是君子「行道」之大用，故此，君子「行道」於「友于兄弟」，非能如龍之化育天下，還談不上君子真正之大「用」，這與子路批荷蓧丈人「不仕無義」道義一致：道行天下之時，君子德業修成，一定要出來做官，此為君子之擔當，也是其使命。

## 九二，見龍在田，利見大人。

**【程傳】**

田，地上也。以在田言，是可用而尚未用。龍在田，在地未升之時，龍行雨必陞於天，故在天乃僅為顯德，未能成用。**出見於地上，其德已著。**德在己已成。**以聖人言之，舜之田漁時也。**舜田漁之時，其德已著，故為時人舉薦於堯。**利見大德之君，**有大德之人君。上下相合，方可行道。**以行其道。**君亦利見大德之臣，以共成其功。君制度，臣行其制度，則成功。**天下利見大德之人，以被其澤。**受其恩澤。自上而下、自高而低謂被澤。**大德之君，九五也。**剛中之德而居五之位。**乾坤純體，**乾不雜陰，坤不雜陽。**不分剛柔，**由爻而言，六爻全為剛爻，故不分剛柔；然以位而言，則有剛柔，一三五為剛位，

二四上為柔位。九二，乃剛居柔位，俟時而待，順令而行，便是它的柔處，以此分君臣上下。**而以同德相應。**二五皆乾剛，同德也。應，乃是一四、二五、三上兩兩互應，常以一陰一陽對應。若同為陰、同為陽，則不分剛柔，以同德相應。

### 【釋義】

爻象「見龍在田」，占則「利見大人」。君子觀「見龍在田」，思「利見大人」而明其明德。

陽在二位為九二。見，現也。君子顯其陽剛之德為「見龍」。在田，在地上，引申為「在鄉野」：君子已顯其德，為人所知，但尚未進仕途，故其德行僅被澤鄉黨。如諸葛在隆中，有令聞美譽，卻不能行其大義於天下。程子說：「舜之田漁時也」。

### 【補遺】

「利見大人」有兩義：一、「見龍在田」起興，思及「利見大人」，二者同構，顯龍德以思顯大人之德。二、九二出潛離隱，尚卑處下，未能居位行道，需大人接引，利見其接引之大人也。

孔子作十翼，隨時生義，前後不必盡同，也不拘泥卦爻之義。如乾之《彖》傳辭：「雲行雨施，品物流形」，全在卦爻辭字表之外，但意蘊又不出其中。

程子接續孔子的釋義傳統，不拘泥文字，不似朱熹拘泥「本義」，有違孔子。朱熹說：有文王之易、有周公之易、有孔子之易，要分別去看；然三聖只是一道，何必殊求。

程子把兩種釋義打成一片：「利見大德之君，以行其道。君亦利見大德之臣，以共成其功。天下利見大德之人，以被其澤。」九二大德之臣利見九五大德之君，九五之君利見大德之臣，天下人利見大德之人（九二）。

利，和於義為利。九二能被九五所接引，乃是九二處下卦之中，又陽居陰位，有中德，謙卑自守，不自耀其光，道義與九五中德和同，故能「利見大人」。

## 九三，君子終日乾乾，夕惕若厲，无咎。

### 【程傳】

**三雖人位，**初二爻為地位，三四爻為人位，五上爻為天位。九處三位，故為人位。**已在下體之上，**內卦乾為下體。在下體之上，欲行上也。**未離於下而尊顯者也。**三位，在龍可以行雨，在人可以行道。居下之尊顯者。**舜之玄德升聞之時也。**玄者，不可見也。玄德者，漸受其澤而不見其施為，況之為玄德。**日夕不懈而兢惕，**日乾夕惕，日夕不懈也。

兢惕者，日兢於業，夕惕於心。三剛居剛位而乾體，故有此象。**則雖處危地而无咎。**兢業而不怠，惕懼而思省，為臣處下之道完備，故无咎也。**在下之人而君德已著**，著，顯明也。**天下將歸之，其危懼可知。**任重則多懼己力之不逮也。**雖言聖人事，苟不設戒**，惕兢為戒。**則何以為教？作易之義也。**

【釋義】

爻象陽處三位，占則「厲」。君子觀此爻位——重剛而不中，居位若危而敬慎其事：重剛則乾乾敬事也，不中則居處思危也。不中，也作不正解。龍在田則不危，在天則正，三不在田不在天，故不安惕厲。

終日，白日也。臣子恒敬其事，不息其責，乾乾也。乾乾，也謂九三當行其事慎其言，但只行事而已，敬事而不言。若，似也；厲，通瘑，瘟疫也。君子白日居官，敬事慎言，夕時退朝居家，自思白日之事，惕懼若遇瘟疫。敬業居危如此，乃處九三之道，則於己無過咎。

若厲，似「出門如見大賓，使民如承大祭」，惕懼敬慎如此。

《二三子問》記夫子之言：「此言君子務時，時至而動□□□□□屈力以成功，亦日中而不止，時年至而不掩。君子之務時，猶馳驅也，故曰『君子終日乾乾』。時盡而止之以置身，置身而靜，故曰『夕惕若厲，无咎。』」「時盡」為「夕」，「止之」為君子宴息，「置身而靜」，靜思過也。「置身」二字頗費解，置身於事外，息於事？

【補遺】

人位，人臣之位。下體，初、二、三構成的下卦乾。下體之上，在下卦最上的三位。因為在下體之上，故為尊顯，但尚在下體，故為人臣。玄德，特指舜的聖人指德，即孟子所言的「見一善行，若決江河」的德性，充沛而出，不知所由，故為玄德。玄德升聞，又較「舜之田漁時」不同，此是舜被舉薦為官之時，德行又升聞而廣澤大眾也。

九三處危地，為何？程子只說：「在下之人而君德已著，天下將歸之，其危懼可知。」似文王三分天下有其二，遭紂王忌憚而囚於羑里。

孔穎達：「處下體之極，居上體之下，在不中之位，履重剛之險。上不在天，未可以安其尊也。下不在田，未可以寧其居也。」爻位險在「不中」、「重剛」。

九三所以說「不中」，因它處於乾卦的中間，但不居上、下卦之「中」，故特強調：貌似「中」而實「不中」。《周易》講「中」，只有二、五兩個爻位，

其他爻位都是「不中」。「不中」則偏，就有「意、必、固、我」之弊。九三又陽居剛位，履重剛則險。疊加起來，處於三位就非常危險了。孔穎達借孔子「文言」之語，以龍作喻：上不在天，下不在田。天，是龍騰飛之處；田，是龍安息之處。不在天不在田，處非所處，不得其位。人臣處於非安處之所，其危可知。

九三爻辭為告誡之語。占則厲，但如能「君子終日乾乾，夕惕若」，則雖厲无咎。

終日，終其一日，謂白天，俗語猶「整日」。終日只做事，不說話，故只道他「終日乾乾」，埋頭去做，不臧否人物，不議論朝政，收斂鋒芒，處於高顯之地，學則潛龍。夕惕若厲，歸來自省白天的行事，謹言慎行否，反覆道否？畏懼如遇瘟疫，如此，方免无咎。无咎，只是自家做得無虧，非就能免於外來之災。

### 九四，或躍在淵，无咎。

#### 【程傳】

淵，四為陰位，以淵象之。淵以靜安以息剛之躁動。**龍之所安也。**在位不偏也：剛能任事，柔能順受，故能不偏於人臣之分。**或，疑辭，謂非必也。**待上令為或，時不由己也，故其躍乃聽命而行。**躍不躍，惟及時以就安耳。**四以安止為義，躍以就安，不躍也以就安。就安者，在淵也。**聖人之動，無不時也。**由道也。**舜之歷試，時也。**歷試，或躍也。

#### 【釋義】

爻象為「或躍在淵」，占為「无咎」。君子觀龍「或躍在淵」，思進而就其位，因不失位，行不差忒，故无咎。

九四无咎有四：

處上卦之下，已過危厲之時，无咎一也。陽居陰位，能安其分而臣服於五，无咎二也。躍，自試也；九四中心之德不可掩，如舜聞一善言，无咎三也。雖或有躍，但常思安處，无咎四也。

九四已脫困，剛德不可自晦，躍躍欲試，欲大行其道；但處近君之位，不可僭越，故雖躍還在「淵」中，謂能守其本位，安於臣分。

程子說：「躍不躍，惟及時以就安耳。」四以時而躍，躍而能就其安所。就，靠近也。舜經過堯的考核，皆能以時而躍、以時而安，故此「聖人之動，無不時也」。

**【補遺】**

乾健必有所躍，然恒躍則凶。《易之義》：「恒動而弗中則亡，此剛之失也。」臣子待命而躍，不可恒躍，此為臣子任重行責，當躍有其時。其九處四之時，居君側危地，當待命而躍也。然君子雖處危地，修身不怠，不息其健，故「躍以自見，道以自成。」（《易之義》）此為臣子修德，當不息其德。

躍進而不越位，常處淵中，是以无咎。九四處大臣之位，一人之下萬人之上，只能進德進業，不可進位，進位則僭越犯上，而失人臣之道。

九五，飛龍在天，利見大人。

**【程傳】**

進位乎天位也。龍升而在天，剛復其至尊之位。五、上二爻為天位，且五為至尊之位，天子居之，亦為天位。**聖人既得天位，則利見在下大德之人，與共成天下之事。天下固利見大德之君也。**「利見大人」，程子釋為兩義：顯德以見天下人；見九二。

**【釋義】**

爻象「飛龍在天」，占為「利見大人。」

君子觀「飛龍在天」之象，思「利見大人」而耀其光也。陽剛之德顯耀於天，君子之道大行於天下。天下人利見大德之君子。反之，大德之君子也利見大德之臣。君臣合德，天下大治。

九處上卦之中，陽居正位，中且正，德位匹配，又能剛斷而果行，利於行君德。

六十四卦、三百八十四爻，陽爻之德在乾之九五發揮之極，極見天道之正大，極見大人之正德。

**【補遺】**

見，讀 jian，則見九二之大人；讀 xian，則顯其大人之明德。孔子曰：「君子在上，民被氣利，賢者不離，故曰『飛龍在天，利見大人。』」利見大人，賢者不離也。

乾之六爻，唯獨九五言「飛龍」，「飛」極言乾陽升騰之性、逍遙自適之態、無傍無繫獨立勇往，以象聖人之光。

上九，亢龍，有悔。

**【程傳】**

九五者，處天位也。位之極中正者。過則偏於中正，故有悔。剛至五則極中、極正，

過則偏也。**得時之極，過此則亢矣。上九至於亢極，故有悔也。**有過則有悔。**唯聖人知進退存亡而无悔**，與時偕行，時進則進，時退則藏。**則不至於悔也。**《易之義》云：「是故天之義剛健動發而不息，其吉保功也，無柔救之，不死必亡。」過亢則無柔救之也。然上九有悔，則能反正。

## 【釋義】

爻象「亢龍」，占則「有悔」。

君子觀「亢龍」之象，而知「有悔」之失，戒勿亢而生悔也。

亢，過高而不能下。五為天位，位之極，無以加。上九又居五位之上，上無去處，居高不下，無可適從，進退失據，故生悔意。《易之義》曰：「物之上盛而下絕者，不久大位，必多其咎。」居上而盛氣，下絕於民，故不能久居大位。孔子云：「聖人之立政，若循木，愈高愈畏下，故曰亢龍有悔。」處高而不畏在下者，失其民也，失民則有悔。

陳夢雷說：「龍由潛而見而躍而飛，至秋分又蟄於淵，知進退者也。過此不蟄則亢矣。」以氣節言之，亢龍乃秋分物蟄之時，不蟄則悔生。

《彖》曰：大哉乾元！萬物資始，乃統天。雲行雨施，品物流形。大明終始，六位時成，時乘六龍以御天。乾道變化，各正性命，保合太和，乃利貞。首出庶物，萬國咸寧。

## 【程傳】

**卦下之辭為彖。**卦，一卦之象，如乾為☰象。卦下之辭，一卦之象繫之以辭，即卦辭。**夫子從而釋之，**從，尊從也。夫子尊順卦辭之義，又釋之也，**通謂之彖。**文王卦辭與孔子釋卦之辭（彖曰），皆通稱為「彖」。析言之，文王為彖辭，孔子為彖傳之辭。**彖者，言一卦之義。**彖辭與彖曰，皆言一卦之義。**故知者觀其彖辭，則思過半矣。**不必讀爻辭，而知此卦義過半矣。

**大哉乾元，贊乾元始萬物之道大也。**生物之祖，成其大。始萬物，始生萬物。**四德之元，猶五常之仁，偏言則一事，專言則包四者。**偏言，猶單獨言。專言，統合而言之。四德以元為首，言元則其餘三德次第生成；五常，以仁為首，言仁，則其餘四常次第生成。**萬物資始乃統天，**元為萬物生生之資源，且統攝天道。**言元也。**

**乾元統言天之道也。**天之道乃始物、生物。**天道始萬物，**物資始於天也。**雲行雨施，品物流形，**品物，諸品次之物。品有層次上下，品物泛言萬物，特言天覆地載之廣大，而至於萬般品物皆被澤。流形，元其流淌於萬物，萬物因之漸漸顯諸於形。流形，萬物漸次生長，有一個漸道。履霜堅冰至，也是漸道。**言亨也。**天地交合，元氣暢達，故萬物生生

不已。

　　**天道運行，生育萬物也。大明天道之終始**，六爻皆剛明，大明也；初至於上皆陽，終始也。**則見卦之六位，各以時成**。每爻皆有每爻之時、之事，成則成其事，成則成其時，事時皆一事。**卦之初終**，初，初九，終，上九。**乃天道終始**。自初至終皆為乾，皆為天道，天道終始也。**乘此六爻之時，乃天運也**。乘乃順義，不順則不能乘。乘此六爻，猶順此六爻之時。天運顯為六爻之時，能乘六爻之時，則可乘天運也。**以御天**，御天，乘天也。乘、御二字皆言人能弘道，非無所作為，蓋人能讚述天道，故有乘御之說。**謂以當天運**。當天運，猶天運在此一身，如夫子言「文不在茲乎？」唯人能弘道，故可當天運。

　　**乾道變化**，六爻之變也。**生育萬物，洪纖高下**，品物各異也。**各以其類，各正性命也**。萬物正受乾元之道，正其性命也。在己為性，受為命。性與命偏言是二事，專言是一事：性則命也，命則性也。**天所賦為命**，賦，給與也。自上而下、不可不受者為命。**物所受為性**。命之在物為性。**保合太和乃利貞**，太和，大和也。萬物各受其命，不相侵奪，不相雜擾，為太和。**保謂常存，合謂太和**，保而存之，合於太和。**保合太和，是以利且貞也**。獲天之乾元之利，保而存之，貞固不失。**天地之道，常久而不已者，保合太和也**。保合太和，乃天地常久不已之道。

　　**天為萬物之祖**，始生之祖。**王為萬邦之宗**。宗法之主。統合天、地、人為王。**乾道首出庶物而萬匯亨**，首出，始出也。出，猶生，始萬物生。萬匯，猶萬物，也可解為萬物匯聚。庶，多也；庶物，眾物也。**君道尊臨天位而四海從**。君道，不過是乾元生萬民之道，只是人道自有不同。**王者體天之道，則萬國咸寧也**。體生民之道，則萬國皆泰寧。王者遵循天道，即生民、安民；如天之覆載，無所不生，無所不容，無所不育。

　　**【釋義】**

　　卦辭又稱彖辭，「象曰」乃孔子釋爻之辭，為「象傳」，非彖辭。後人為區別故，把卦辭稱為「彖辭」或「大象」，把孔子釋卦之辭名為「彖」，或為「彖傳」、「小象」。

　　「乾元」始所以為大，乃始生萬物，萬物資之以生，為萬物之祖，萬物從而尊法之，尊其生物之道，故為大。資生，萬物生生之資，源於乾元。元，是萬物資以生之始，一個元字便可統言天。統，統攝也。「元」可統攝天之道，統天者。

　　天以雲雨行施其化育之功，雲行雨施也；萬物各得其性分之正，生生不息，品物流形也。「品物流形」乃見天亨物之道廣大，各類皆得以生息繁衍。物類區以相別，稱之為「品物」。「流形」二字意味深長，元氣在萬物中流淌，萬物

之形體漸生漸長，此乃天地之漸進之道，非一蹴而成。「雲行雨施」為天道流行，「品物流形」乃萬物順由天道而生。八個字涵括：天為萬物之母，也為萬物必由之道。

初上皆陽，大明終始也。陽爻為天為乾，故為明。乾卦非一陽為明，六爻皆明，大明也。六位，六時也。六位皆陽，則為陽之六時。時成者，事以時為成，時不至，則事不成。潛龍為潛龍之事，見龍為見龍之事，在其時行其事，與時消息也。

時乘六龍以御天，順天道而讚述之也。時為初，則乘潛龍，行潛龍之事，以此御天。御者，人在車上又駕馭之，有順義有弘義，順而不弘非御，弘而不順非御。

乾道有四德，即有四變，有六爻之象，則有六時之變，有二十四氣節，即有二十四之變。「各正性命」四字自「乾道變化」下來，萬物隨乾道之變，順正於乾，故各自性命而得正。

保合太和乃利貞，保而持有此太和，故能利物而貞固也。

「首出庶物，萬國咸寧」，言天子尊臨天下之事。天子行天道，以生息百姓為心，率而先之，首出於萬邦，萬國皆寧也。首出庶物，天子以仁義表率群倫。庶物，萬民也，常謂諸國之王。天子為諸王之表率，諸王為臣屬之表率，卿大夫為士之表率，士為百姓之表率，層層下放，皆為首出庶物之義。

## 《象》曰：天行健，君子以自強不息。

### 【程傳】

卦下象解一卦之象，爻下象解一爻之象。象辭，觀察卦、爻之象而寫的辭，分大象辭、小象辭；大象辭釋一卦之象，即「卦下象解一卦之象」；小象辭釋一爻之象，即「爻下象解一爻之象」。如，「天行健，君子以自強不息」，乃釋乾卦「一卦之象」，為大象辭。「潛龍勿用，陽在下也」，解讀初爻「一爻之象」，為小象辭。諸卦皆取象以為法。六十四卦皆以取象為法。觀象取法是古人的基本智慧所由，如「子在川上曰，逝者如斯夫，不捨晝夜」，就是觀水之象而生的智慧。此種智慧遵自然而宗法之，即「取象」之智慧。《周易》乃最早的「取象」智慧之集大成。乾道覆育之象至大，非聖人莫能體，體，行之在己者。上士體乾道於一國，中士體乾道於鄉黨，下士體乾道於一家。唯獨聖人能體生萬民之任。體字，此處乃踐行乾生育之功。欲人皆可取法也，故取其行健而已，行健二字人人皆可為，故取此義。至健固足以見天道也。至健，不息也。不息，足以見天道。君子以自強不息，法天行之健也。天自健，非有依傍，故君子自強，獨立無倚。

### 【釋義】

乾陽以上行為義，乾卦六爻皆陽，自初至上，皆為乾，且上下皆乾體，故乾乃具上行不已之象，天行健也。天道健行不息，君子法之，修德不已，進業不息。

## 潛龍勿用，陽在下也。

### 【程傳】

陽氣在下，陽氣乃炎上之物，處下，不可用也。**君子處微，未可用也。**

### 【釋義】

九處初，陽氣潛伏；如龍潛伏地下，陽氣未充而不能上行。君子觀此爻象：身處微賤，德業未充，不可大用。

孔穎達：「於此小人道盛之時，若其施用，則為小人所害。寡不敵眾，弱不勝強，禍害斯及，故誡勿用。若漢高祖生於暴秦之世，唯隱居為泗水亭長，是勿用也。諸儒皆以為舜始漁於雷澤。舜之時，當堯之世，堯君在上，不得為小人道盛。」此是孔穎達觀象之體會，與「舜始漁於雷澤」不必對立看。

易無達詁，皆從觀象中悟出他自家的道理。孔子觀水悟「逝者如斯夫」；他人觀水悟「靜水深流」，皆可取，不是水一定只有孔子的意思。象只一個，乾是乾象，坤是坤象，然反身而察，象在人心則萬千各不同，因時因事而異，無一定必如此之義。

## 見龍在田，德普施也。

### 【程傳】

見於地上，陽氣炎上而至於田，利以生物。**德化及物，其施已普也。**君子修德已成，可普施也。

### 【釋義】

見龍在田，象也；君子觀見龍之象，知當普施明德。

見，現。見龍在田，龍見於地上。陽氣充盈，自顯於田，君子道德充盈，自為世用。

見龍在田，君子明德光明，可用於世。

### 【補遺】

見龍在田，也可釋為君子之道可行於天下，小人道消，君子道盛。

終日乾乾，反復道也。

**【程傳】**

進退動息，必以道也。必以道，戒之也。

**【釋義】**

九三處下卦之上，為離下進上之時，然重剛健體，最易銳進過猛而背離大道，故戒之曰「反復道也。」反，回歸道；復，復於道。反、復疊加，對應「乾乾」，重言戒之又戒之：必以道為歸所，不可片刻背離也。

「終日乾乾，反復道也。」分開看是兩件事：「終日乾乾」，在外面做事，乃君子為政；反復道也」，回家三省吾身，省「乾乾」是否合道。合起來看，只是一事，「終日乾乾」，也是在道上「乾乾」，故當反而復之於道。「反復道也」，也當於事事物物上反之復之，不得離事而「反覆」。

「終日乾乾，反復道也」，君子學習也。乾乾，外之修行；反復，內之反省。乾乾猶學也，反復，猶習也。

或躍在淵，進无咎也。

**【程傳】**

量可而進，適其時則无咎也。

**【釋義】**

或，在於時機。躍，內充實而銳進，動在己也。或躍，量可而進，待時也。在淵，不離於道，「或躍」的原則。九四近君之側，動必以道，故行必「在淵」，「道」中進取也。君子行，規矩在身，故无咎也。

飛龍在天，大人造也。

**【程傳】**

大人之為，聖人之事也。大人不作制度，何以飛天？

**【釋義】**

聖人處天之位，行天之事，飛龍在天也。造，為也、作也、弘道也。人能弘道，非道弘人，故聖人起而造作之，制度議禮考文，大人造也。

孔穎達：「造，為也。唯大人能為之而成就也。」陳夢雷：「造，作也。聖人興起，在天子位也。」

亢龍有悔，盈不可久也。

**【程傳】**

盈則變，有悔也。

**【釋義】**

天道盈虧循環，盈不可久也。聖人取法於天，盈則思謙退之，則能終始其道。盈則變，變虧則有悔。君子觀盈虧之變，變化其道，處盛而退守蟄伏，則免於悔咎。

**【補遺】**

處高而盈滿，不謙退也，就居上而不與時謙退，故有悔咎生。

用九，天德不可為首也。

**【程傳】**

**用九，天德也。**天德用九以謙讓。**天德陽剛，**高則用卑，剛則用柔，天德之用九也。**復用剛而好先，則過矣。**老子云「不敢為天下先」，不好先也；處剛而復用剛，則過亢而有悔。

**【釋義】**

用九，用陽剛、天德之道也。陽剛之道何如？「天德不可為首也」。天德以謙讓為道，不可自尊為首，唯謙讓則眾推之而為首。為政以德，眾星共之，是用九之道也。

《文言》曰：元者，善之長也；亨者，嘉之會也；

**【程傳】**

他卦，彖、象而已，獨乾、坤更設文言以發明其義，推乾之道，施於人事。元亨利貞，乾之四德，在人則元者眾善之首也，亨者嘉美之會也，利者合和於義也，貞者乾事之用也。

**【釋義】**

文言，文其言也。簡言之，恐後學者未能深悟大義，解釋了又解釋，文言也。其他六十二卦皆無「文言」，唯獨乾坤兩卦有之。孔子在彖、象之外，又復益之以「文言」，申之又申。楊萬里云：「彖、象辭之重者也」，即是。重，重言之。

分而析之，四德皆各有異；合而觀之，四德皆為善。元為四德之首善，故

為「善之長」、「眾善之首」。「善之長」或「首善」，即，各種善皆從「元」中出來。

亨，有暢通之義。物必有通暢，而後能匯聚。如車多又不堵，方為暢通，亨也。

何物聚集而暢通？嘉美之物也，善之會也。元為善首，善尚需長大，需亨；亨而善聚，成「嘉會」之象也。

**利者，義之和也；**

**【程傳】**

**和於義乃能利物。**利物，乃利天下之物，非利私有之物，故必比近於義，義者，公也。**豈有不得其宜，而能利物者乎？**

**【釋義】**

能和則能利物，和不依於義，和不久長，其利物也不久。何為義？義者，宜也；萬物各得其所為宜。居上者能如舜恭己正南面，和於義，大公無私，利物則久。君子懷德，小人懷土。君子小人各安其事，各得其所，天下和於義也。

**貞者，事之幹也。**

**【程傳】**

**貞固所以能幹事也。**貞固其正則能幹事，貞固其邪豈能幹事？乾之貞，貞固其元也，生物之健不息，貞也。

**【釋義】**

貞者，固守其正也。物各有正，貞其正，行物之則，乃事之幹也。

君子居位守正，君子之事，君子之幹也。守貞是做事之原則，故為「事之幹」。

朱熹說：「幹，木之身，枝葉所依以立者也。」木之幹，貞也；枝葉，事也。枝葉依附於幹，事依附於貞。剝離於貞，而去做事，就是謀私，謀私不能成大事，故程子云「貞固所以能幹事也」。

**君子體仁，足以長人，**

**【程傳】**

**體法於乾之仁，**體者，體踐也，行乾之仁也；法者，效法也，效乾之仁也。體、法皆一事，細析之，體乃行諸於己，法乃取效於外。**乃為君之道，足以長人也。**體仁則可為眾

人效法，故足以長人。長人者，行率以先也。體仁，體元也。元與仁為一事，不仁，天何以為萬物之首？**比而傚之謂之體**。比，比近於仁者，效法之，行之在己，為體。

**【釋義】**

體，身體力行為體。體仁，踐履仁也。

程子說「比而傚之謂之體」，此是講「學習」為「體」，「學」是「比」事，「習」是踐行事。學某人，需靠近某人，向他看齊，所以學是比事。習，要自家踐行，反覆練習打磨此學，要效法他人，行上做的。

比，靠近。靠近仁善之人，即所謂「親仁」、「事其大夫之賢者，友其士之仁者」。親、事、友，皆是比。比而傚之，見賢思齊也。

君子能踐履仁，則仁在己一身，故行為師範，足以為眾人效法。長人，即，行為眾人的表率。「長」，有「先」的意思、有「帶頭」「領頭」的意思。

## 嘉會足以合禮，

**【程傳】**

**得會通之嘉**，嘉，程子釋為美好。**乃合於禮也**。交接和暢，乃因所交接之儀皆合乎禮。**不合禮則非理，豈得為嘉？非理安有亨乎？**

**【釋義】**

陳夢雷：「眾美畢集，動容周旋，無不盡善。」仁善君子聚會，必以禮交接。此處嘉會二字解得簡單，乃君子聚會、君臣燕享之事。

孔穎達：「『嘉會足以合禮』者，言君子能使萬物嘉美集會，足以配合於禮，謂法天之亨也。」嘉美之物範圍極廣，既指君子，也包括君子日用之物，各種禮器，還包括各種祥瑞之物，河圖、洛書、鳳凰、麒麟、瑞草，如《白虎通》提及的「景星」、「甘露」、「朱草」、「醴泉」、「嘉禾」等等也在嘉美之列。凡有此等嘉物會聚，必有相應的禮儀對應，故說「足以合禮」。合，作「應」字解。

## 利物足以合義，

**【程傳】**

**和於義乃能利物**。和於義，則可利天下之物，非私利一物。**豈有不得其宜**，利而合物之宜，猶水利萬物而不爭，合所利物之宜也。**而能利物者乎？**

**【釋義】**

利、義比合則利於公也。君子得仁，小人得土，萬物各得其宜，利物阻以合義也。

貞固足以幹事。

**【程傳】**

**貞固所以能幹事也**。不貞固，可以始於事而不能終於事。

**【釋義】**

與「事之幹」的「幹」同，「幹事」也可譯為「做事」、「成事」、「任事」、「擔當其事」。樹之「幹」支撐大樹，故有「幹」有「擔當」、「擔負」之義，擔當樹冠之眾，故言幹事，乃擔負眾人之事、大家之事。

唯有貞固，才能做的眾人事。為眾人做事，才有貞固之德，故說，「貞固足以幹事」。不貞固，只做的個人私事、為的是私。君子居其位行其政，為眾人謀利，故必要貞固，使其私得貞而不逾矩，不忘初心而為固，謂能終始其事也。

君子行此四德者，故曰乾元亨利貞。

**【程傳】**

**行此四德，乃合於乾也**。君子行元以生民，行亨以富民，行利以惠民，行貞以安民，君子行此四者，終始於安民之道也。

**【釋義】**

君子行四德於己，行不違於乾元。

君子為政，必要生民，元也；必要取信於民，亨也；必要富民，利也；必要教民，貞也；上順於天，與乾合德也。

**【補遺】**

君子行貞，乃是教化百姓守正不失。

初九曰潛龍勿用，何謂也？子曰龍德而隱者也。不易乎世，不成乎名，遁世無悶，不見是而無悶，樂則行之，憂則違之，確乎其不可拔，潛龍也。

**【程傳】**

自此而下，言乾之用，用九之道也。初九陽之微，龍德之潛隱，乃聖賢之在側陋也。側，不居中也。陋，處卑也。**守其道，不隨世而變**；不為外所變。**晦其行，不求知於時**；德未充，不求用於世。**自信自樂**，「遁世無悶，不見是而無悶」也，顏回簞食瓢飲，夫子曲肱而枕。**見可而動**，見天下可為則出而行其道。**知難而避，其守堅不可奪，潛龍之德也**。

**【釋義】**

潛龍有三義：1. 晦藏避禍，孔穎達之說；2. 聖人處側陋，程子之說；3. 德不光大故潛隱，孔子之說。《文言》曰：「潛之為言也，隱而未見，行而未成」。二、三說相通。聖人處側陋，如舜在田漁之時，德不夠光大。

「不易乎世，不成乎名，遯世無悶，不見是而無悶，樂則行之，憂則違之，確乎其不可拔，潛龍也。」孔子發揮「潛龍」大義，重在堅貞「潛龍」之志：不隨波逐流而改變自己──不易乎世，不為名利而不擇手段──不成乎名，不為世事改變操守──確乎其不可拔，而非德未光大。

「樂則行之，憂則違之」，與孔穎達之說相符。樂，樂與世同，道行天下，推己而與世同此道。違，與世相違，道不行，晦藏潛隱，不隨世而逐，易其操守。

九二曰見龍在田，利見大人，何謂也？子曰：龍德而正中者也。庸言之信，庸行之謹。閑邪存其誠，善世而不伐，德博而化。易曰見龍在田，利見大人，君德也。

**【程傳】**

以龍德而處正中者也。在卦之正中，為得正中之義。庸信庸謹，造次必於是也。謹慎常言，言必有信，謹慎常行，行必履矩，造次必於是也。**既處無過之地，則唯在閑邪。**閑者，防範也。唯在貞固而已。**邪既閑，則誠存矣。**邪既閑，則誠不雜也。**善世而不伐，**不伐其善，行己之善，不求人譽。**不有其善也。德博而化，正己而物正也。**德博，明其明德，正己而已；物從而得正為化。**皆大人之事，雖非君位，君之德也。**

**【釋義】**

九二居下卦之中，龍德而正中者也。從爻位看，九處陰位，為不正。《子夏易》云：「龍德而成行也，非其位而居君德，謹信以為常，得於正也。」九二剛德居中，故為正。正，正德也，「庸言之信，庸行之謹」之謂。朱熹云：「正中，不潛而未躍之時也。」居潛、躍之間，為正中，從時上立論，別為一說。

庸言，平常之言也，而能信之，謹信以為常，庸言之信也；庸行，平常之行也，而能謹之，謹行以為常，庸行之謹也。庸言庸行，皆言中正之德，常德不忒，君子慎其微也。

「閑邪存其誠」，閑，放置不存。存，有養、修之意。宋明儒者常說：「無事常惺惺」，即存養之意。閑、存是一番事，閑了邪，必有誠在其中；存了誠，

必有閒的工夫，故說：「邪既閒，則誠存矣。」

「善世而不伐，不有其善也。」君子行其道，其光自有施為，不假安排，故無自伐之心，不居善為己。「舜禹之有天下也，而不與焉」，即「不有其善也」。

「德博而化」，從「不有其善」中生發出來的。唯有「不有其善」，其善才博厚廣大，無行跡可查。百姓被澤此善，變化氣質，而成淳樸之風。程子說「德博而化，正己而物正也」，不有其德之人只是正己，不去正他人，他人被澤其德必自能正——無為而化也，無施為於他人，只為己，他人自然化，聖人行教如此，不言而教也。

「易曰見龍在田，利見大人，君德也。」「君德」便是「見龍在田，利見大人」，見的就是君德。

九三曰君子終日乾乾，夕惕若，厲，无咎，何謂也？子曰：君子進德修業，忠信，所以進德也；修辭立其誠，所以居業也。知至至之，可與幾也；知終終之，可與存義也。是故居上位而不驕，在下位而不憂，故乾乾因其時而惕，雖危无咎矣。

### 【程傳】

三居下之上，而君德已著，君民之德已顯著。君民者，治民也。將何為哉？唯進德修業而已。盡分而已。內積忠信，所以進德也。充盈其德。擇言篤志，君子固當慎言，官場險惡，更需擇言。官場乃名利場，需篤志正利，勿隨波逐流。所以居業也。君子居業有兩事——在己修德、在位行職，乃君子所以處官場之道。知至至之，知至則至之：知事之幾微，而敏以行之，知行合一。「至之」，致其知於事上。「知至」與「至之」雖是兩件事，實為一件事，事發之始則知行隨之，始其事也。致知也。致知於事上，致其知，乃所以行也。求知所至而後一無後字至之，知之在先，故可與幾，可與謀始也。所謂「始條理者知之事也」。知終終之，慎終也。事終之際，亦知行隨之，終其事也。力行也。既知所終，則力進而終之，守之在後，故可與存義，貞固，存義也。所謂「終條理者聖之事也」。德之事。聖只是盡德無虧欠。此學之始終也。君子之學如是，君子之學只在事上下工夫，不在事外起驕矜。故知處上下之道而無驕憂，終始盡其職分，知處上下之道也。不懈而知懼，非懼得失，懼不能盡職分，故時時事事皆不懈。雖在危地而无咎也。恪盡職守，无咎。

### 【釋義】

心不偏為忠，話自內出為信，忠信需在心上修，務必念念自衷心，無一念不忠不信，此為進德之法。

　　修辭非徒事話語、只於詞句上斟酌，需在誠上見工夫。句句自衷心，句句貼事實，修辭立其誠也。誠從言，立誠便要在話上立誠，慎其所言，話自心中為真，見諸於事為實，立誠是心、口、事，三位一體，三事一併了，方才立得誠。君子居業便是在為人做事上見的，立誠是一併做了，便居得業了。程子把「修辭立其誠」分作兩事看，「修辭」為擇言，「立誠」為篤志，大概因上文的「進德修業」是兩事，故此認為「修辭立其誠」對應的也是兩事。

　　「知至至之」，「知」字後面省去一個「事」，當為：知事至而至之。「事」，乃是幾微之萌；「知至」，乃是「履霜而知堅冰至」之類事情。

　　後面一個「至」，乃是聖人見幾而動，順勢而為：知事之將「至」，聖人順動而「至」，見事剛萌發，就有行動、有預備。人有這樣的及時反應，則一定值得「可與幾也」。「與」，與此人從事也；幾，端倪。「可與幾」，乃是可與此人謀劃開端。

　　「知至至之，可與幾也」，為智之事。

　　「知終終之，可與存義也。」「知終」，知事之終；「終之」之「終」為動詞，聖人隨事之終而終之。「終之」二字非指一個最終點，而是從事之始至終都需始終伴隨、不離不棄，故「終之」是「恒」之事。德者，恒也。能終之的人，是可以與他擔當道義。存，是道義「存」於一身，道義在身為擔當，存義乃擔當道義。

　　「知終終之，可與存義也」，為德之事。程子說「聖之事」，把「聖」落在德上。

　　「知至至之，可與幾也；知終終之，可與存義也。」開始需要聰明，持續需要道德。道德是得之在己者，從性中出來的，與身心合為一體。身心在，道德就在。

　　終始其事，就需道德之持恒，與事渾然一處，人與事不分內外、不分彼此，方能本末始終一貫。程子說「知終終之，力行也」，德需「力行」，持續的恒力，天行健也。健字就一個恒義在裏面，健行不是暴發的猛力，而是持續的耐力。天行健，就是行的恒常、不息。

　　「始條理」「終條理」出自孟子。條理在事中見，道又在條理中見，故此「始條理、終條理」乃是「道」終始其中，謀幾與終事皆不離道。

　　「是故居上位而不驕，在下位而不憂」，明其性分則不驕，安處其命則不憂，君子盡性順命而已。君子所學皆在性、命上下工夫，知其性守其命，居上

者盡職，處下者盡分，於職分之外，不增不減，何來驕、憂？驕、憂皆是在分內事之外生出來的，在自家分上去思、去動，哪裏有如此藤葛。

**九四曰或躍在淵，无咎，何謂也？子曰：上下無常，非為邪也。進退無恒，非離群也。君子進德修業，欲及時也，故无咎。**

【程傳】

或躍或處，上下無常；與時偕行，故無常。或進或退，去就從宜；去，隱也；就，居位行政也。從宜，從時也。非為邪枉，非離群類，八字釋「在淵」。進德修業，欲及時耳。學習以待時。時行時止，不可恒也，故云或。不可固執，唯時也。深淵者，龍之所安也。淵，為龍之安處，也為規則，龍上下不常，然皆在規則上，行其素常而已。在淵謂躍就所安。躍而不失其所。淵在深而言躍，九為陽，有躍象；處四陰，常在淵。但取進就所安之義。進取但守規則，進就所安，不敢犯上也。或，疑辭，隨時而未可必也。未可固執不化。君子之順時，猶影之隨形，可離非道也。天道只是一個時，四時行、百物生，時也。君子不能偕行於時，則悖道也。

【釋義】

四為陰位，乾以龍為言，故陽處四有在淵之象。在淵，在其位、處其分。上下隨時，豈能有常？然君子居上處下皆盡其分，非為邪也。君子以規矩行，故无咎。

九四雖不離於淵，然剛居乾時體健，必有「或躍」也，躍而不離其職分，或躍在淵也。

淵，為龍聚居之地，潛含「群」義，有淵必有群類相伴，豈是孤龍？在淵，君子群至，非離群也。龍行不離群，君子之躍不離君子群規矩。離群，如背叛黨派，必至邪妄。在淵，與不離君子規則是相通的。在淵，龍所、退處、君子規則，君子群黨，都是一體幾個面。

君子退隱，則進德修業不已，隨時待命，故有事則能及時。如此，豈有咎乎？造次顛沛皆學不已，於己无咎也。

**九五曰飛龍在天，利見大人，何謂也？子曰：同聲相應，同氣相求，水流濕，火就燥，雲從龍，風從虎，聖人作而萬物睹。本乎天者親上，本乎地者親下，則各從其類也。**

【程傳】

人之與聖人，類也。同德心、同理心。五以龍德升尊位，普施天下，龍德也。人

之類莫不歸仰，歸而順之，仰而觀之。**況同德乎？上應於下，下從於上，**二五同德相應也。**同聲相應，同氣相求也。流濕就燥，**皆從其類也。荀爽注：「陽動之坤而為坎，坤者純陰，故曰濕。陰動之乾而成離，乾者純陽，故曰燥。」荀以乾升坤降來注釋此條。乾之二升至於坤之五為坎，坤之五降至於乾之二為離。**從龍從虎，皆以氣類，故聖人作而萬物皆睹。**作，作制度也。聖人作制度以平治天下。聖人與百姓亦為氣類相應。**上既見下，**上以作制度見於下。**下亦見上。**下以順行制度以見於上。**物，**人也，古語云人物、物論，謂人也。《易》中「利見大人」，其言則同，義則有異。如《訟》之利見大人，謂宜見大德中正之人，則其辯明，言在見前。《乾》之二五，則聖人既出，上下相見，君臣相見。**共成其事，**君臣同德。**所利者見大人也，**言在見後。**本乎天者，**本根於天。**如日月星辰。本乎地者，**本根於地。**如蟲獸草木。**荀爽注：「謂乾九二本出於乾，故曰『本乎天』；而居坤五，故曰『親上』。坤六五本出於坤，故曰『本乎地』；降居乾二，故曰『親下』也。」乾二升至於坤之五位，本乎天者親上；坤五降至於乾之二，本乎地者親下。也基於乾升坤降的法則。**陰陽各從其類，人物莫不然也。**

### 【釋義】

二五皆剛中，有中正之德，同德同心，以類相從，同聲相應，同氣相求也；猶水流濕處，火近燥處，雲追隨龍，風追隨虎。聖人與天下百姓同德同心，必以類相從，故聖人為民作制度、定禮樂，萬民仰矚也。

「見大人」，「聖人作」也，乃聖人治平之事。治平天下必要制度作禮樂，規範上下，協和萬邦。「見大人」，大人現其德，便有萬物可睹者，諸侯、群臣、百姓仰觀聖人平天下的作為，觀後而順從之，如風行草偃。睹，不僅要看，還要追隨聖人而效法之。

孔子意猶未盡，又申言：「本乎天者親上，本乎地者親下，則各從其類也。」聖人興作，萬物賓然，各歸其類，各安其所，歸天的歸天，歸地的歸地，如：龍本乎天者，故要飛龍在天；虎本乎地者，便要虎嘯山林。聖人本乎天者，覆育百姓；百姓本乎地者，懷土安居。萬物各安其所了，天下便大治。

「本乎天者親上，本乎地者親下，則各從其類也。」乃天下大治，百姓安泰。此皆是九五「見大人」之德，應有的盛世光景。

**上九曰亢龍有悔，何謂也？子曰：貴而無位，高而無民，賢人在下位而無輔，是以動而有悔也。**

### 【程傳】

九居上而不當尊位，當，處也。是以無民無輔，上九、九三對應，然三欲晉進，

而上無位則不能提攜，則三不為上所用，無輔也。**動則有悔也。**居處不當，又無民無輔，則動皆出離其分內，則有悔。

**【釋義】**

過亢而不能謙下，則無民相輔，君道窮也，故有悔生。

九居上為尊高，不在五則無位，無位則無民，所謂賢人在下位而無輔者。既無位也無輔，而有預於政，皆不當，是以動而有悔。無位而處高，擅動則易於傾覆，故有動則有悔。上九當復晦藏，則无悔。

**【補遺】**

虞翻：「天尊，故貴。以陽居陰，故無位。在上，故高。無陰，故無民也。」

**潛龍勿用，下也。**

**【程傳】**

此以下言乾之時。勿用，以在下未可用也。陽乃炎上之物，在下則非陽之用。

**【釋義】**

陽炎上則可用，蟄伏則不得用。不得時而自用，未順道也，必有吝悔之過，故戒之「勿用」。

**見龍在田，時舍也。**

**【程傳】**

隨時而止也。隨時，由道也。止者，待上之提攜，為臣者不可自薦也。

**【釋義】**

時，在田之時。捨，止息也。時捨，九二雖現君德，然暫不為上所用，故止息於此，待人舉薦。

**終日乾乾，行事也。**

**【程傳】**

進德修業也。為政以德，進德也；德於事上見，修業也。進德修業本是一事，進德所以修業，修業乃是進德的實效。修齊治平一以貫之，只有次第，並非幾件事。若分開看，修身是進德，齊治平是修業。

**【釋義】**

白日乾乾，為政也。九三只當乾乾敬業，悶頭做事，緘口寡言則為正。

或躍在淵，自試也。

【程傳】

隨時自用也。自用而有隨時之限，隨時，由道也。

【釋義】

隨時自用，因其時而修德進業也。孔穎達：「言聖人逼近五位，不敢果決而進，唯漸漸自試，意欲前進，遲疑不定，故云自試也。」

九四逼近至尊，其自試，唯在進德修業，若躍進於五，乃亂黨不臣之舉，故有「在淵」之戒，當貞守臣道而不失。

飛龍在天，上治也。

【程傳】

得位而行上之治也。在天為龍得位也，故能行在上之治。在上之治，聖人之治也。

【釋義】

龍在天位，聖人居位而平治天下。飛龍在天，言高明在上而能周普萬民。明以高照，周普萬物，以公言也。「上治」所以效法「在天」，以「公」平治天下，公則天下悅服。

【補遺】

飛龍，龍之飛昇而至於天位之謂。在天，居至高而能周普天下萬民。上治，大人行至公之治也。

亢龍有悔，窮之災也。

【程傳】

窮極而災至也。窮至於極，道不可行，故災自外而至。

【釋文】

居高不能下，君子道窮，當復晦藏也。盛極思衰，亢極思反，能思反則悔亡。

陰陽之道不似黑格爾辯證法，乃是循環往復，亢悔則思反。

乾元用九，天下治也。

【程傳】

用九之道，天與聖人同，得其用則天下治也。

【釋義】

群龍無首，乃用九之道。用九之道，即用陽之道。陽道健行進取，當以謙卑以制衡，故不敢為天下先。卑而故能高，後而能為天下先。先者，表率也；用九，乃以剛健謙卑為天下表率，此是用九之道。

儒、道兩家皆以謙讓為德，於此並無二致。

**潛龍勿用，陽氣潛藏。**

【程傳】

此以下言乾之義。方陽微潛藏之時，君子亦當晦隱，君子德未充，不可用也。未可用也。

【釋義】

陽氣未充，君子當晦隱畜德以待時用。

**見龍在田，天下文明。**

【程傳】

龍德見於地上，「見」字妙，龍但行己而已。君子行己則天下自正，非說君子要施為文明於天下。詩曰：「不顯惟德，百辟其刑之。」又云：「予懷明德，不大聲以色。」是故君子篤恭而天下平，不以聲色化民也。**則天下見其文明之化也。**聖人文德之明以化成天下百姓。見讀顯，百姓淳樸之民風，便可見聖人文明之化成。

【釋義】

君子行範天下，民興於仁，被受其澤，而民風淳樸，天下文明也。朱震《漢上易傳》：「坤文離明，德施之普，先於天下人，文明也，故曰見龍在田。」在田為坤，地主文。九二陽居陰位，變乾為離，離主明，故說「坤文離明」而天下文明。

**終日乾乾，與時偕行。**

【程傳】

隨時而進也。重剛有必進之志，然臣子之進則需待時俟命，不順命而進，悖亂也。

【釋文】

君子行必以時，進則進，退則退，順隨天道，行以規矩也。

【補遺】

終日乾乾，與時偕行，皆為告戒之辭：九三居下之上，有重剛躁進之勇，

然宜賓守臣道，不可擅自獨進，而不聽命於上。終日乾乾，乃居位乾乾，不可離越其位而旁行它事，若其行則當與時偕行。

或躍在淵，乾道乃革。

【程傳】

離下位而升上位，上下革矣。革，革變也，革下而為上。

【釋義】

九四自下卦之上而升至上卦之下，上下革變之時。

飛龍在天，乃位乎天德。

【程傳】

正位乎上，九五，上也；處中而正位，正也。位當天德。五、上之爻為天位，唯五乃陽居正位，故得天德。聖人德位相匹，在其位行其事，當位也。

【釋義】

五為天位，聖人居之，中而不偏，大公在上，故當天德。

亢龍有悔，與時偕極。

【程傳】

時既極，則處時者亦極矣。處此時，當極其亢而轉晦。

【釋義】

陽亢極必潛伏，當與時偕極而晦藏。偕極，推助其極，期以反覆於初，非謂跟著行到極處不得反覆於正。此處「偕」有推助之義，促其反歸於正，亢而轉為潛。

【補遺】

陳夢雷云：「時既極，而我不能變通，則與時運俱極，故言偕。偕極有悔，非德也。」乃謂與時亢而己亦亢，故與時偕極而不能反也。亢龍有悔者，與時偕極也，義也通。

乾元用九，乃見天則。

【程傳】

用九之道，用剛之道、用天之道也。天之則也。剛健而謙處，天之則也。天之法則謂天道也。或問：乾之六爻皆聖人之事乎？曰：盡其道者聖人也。盡極六爻之事，

聖人也。**得失則吉凶存焉，豈特乾哉？諸卦皆然也。**諸卦皆聖人之事，各居其時則有如此行事，然皆歸於乾。

**【釋義】**

天則者，健行而謙卑，大公而周普，不遺一物也。

乾之六爻皆是君子之事，極盡其道，即使是聖人也未能周備。乾卦各爻皆有其時，失其時則凶，得其時則吉。用九之道者，元亨利貞也；九之用，利生萬物，高而能下，尊而能卑，不敢自尊為首也。

## 乾元者，始而亨者也。

**【程傳】**

又反覆詳說以盡其義。既始則必亨，不亨則息矣。

**【釋義】**

乾元以健行不息為性，既已生生則不息也，不息而必至於亨通。「始而亨者」，有不已的內動力噴薄而出，善不可遏，順之必亨，猶舜居深山聞一善言，沛然而出，不可自己。

## 利貞者，性情也。

**【程傳】**

乾之性情也。既始而亨，非利貞其能不息乎？

**【釋義】**

四德皆是性情。性是生來具有，不假後天修的。自性中出來的情必主善，此情也必是性之發用，衷心而出，必忠必誠必信。

利主和。貞者，正也。和於萬物而後方能利物，和於萬物，使萬物各得其所，各遂其性。萬物各得其性，即物各正於己之性也。

利貞也似元亨，有了元則必至亨，有了元亨則必至利貞，順之便一貫而出，道途自能通暢，故君子遵循天道，由之順之即可，不必人為做作。猶情順於性，順性則情得其正。

**【補遺】**

乾之四德，不言「元亨」為性情，而言「利貞」為性情，因「利貞」也為萬物之德，萬物得元亨之德而貞守之，秋實冬藏，則有利；故於物上說「利貞」，利貞於物，以獲萬物之性情。

## 乾始能以美利利天下，不言所利，大矣哉！

**【程傳】**

**乾始之道，能使庶類生成，**公而不擇萬物。**天下蒙其美利，**自上而受之為蒙。美利者，萬物各得其所，生物之利也。**而不言所利者，**乾無意於利物，而其利無所不在。**蓋無所不利，非可指名也。**萬物皆被其利，似萬物自生自取之，無以名之。**故贊其利之大曰：大矣哉！**大贊乾道生而不有，為而不持。乾，但行己而已，非有意於利萬物。

**【釋義】**

美利，至善之利。至善之利，利周萬物而不言所利，故為大。

四德為乾之固有，乾不得不行此四者，因四德由內而出，不可已也，乾只是自家走自家道而已。日出不為萬物而出，日落也不為萬物而落，但畫夜周轉四時更替，萬物得以生衍不息，故乾無有意仁善於萬物，而萬物各得其利也。

乾不以善為己有，不言所利，大矣哉！天下萬物也蒙其所利，也不知言其所利，如老子「太上」之德，下但知有之而已。

## 大哉乾乎！剛健中正，純粹精也。六爻發揮，旁通情也。時乘六龍，以御天也。雲行雨施，天下平也。

**【程傳】**

**大哉，贊乾道之大也。以剛、健、中、正、純、粹六者，**剛以不欲，健以不息，中以不偏，正以不私，純以不雜，粹以精一。**形容乾道。精謂六者之精極。**乾之剛健中正為精。**以六爻發揮旁通，**孔穎達：「發謂發越也，揮謂揮散也。言六爻發越揮散，旁通萬物之情也。」發揮，簡言之，盡其變之謂。**盡其情義。乘六爻之時以當天運，**當，應也。**則天之功用著矣。**著，顯現也。人乘六爻之時，則人能弘道，故能成天之功。**故見雲行雨施，**陰陽交而成雲，交而和暢則成雨。**陰陽溥暢，**溥，廣大也。暢，陰陽交合之和。**天下和平之道也。**荀爽注「雲行雨施，天下平」，為：「乾陞於坤曰『雲行』，坤降於乾曰『雨施』。乾坤二卦成雨，既濟陰陽和均而得其正，故曰『天下平』。」主乾升坤之五，坤五降至乾之二，乾坤交合而興雲雨。

**【釋義】**

盛讚乾德，尊奉之極，覆育萬物，唯有「大」足以當之。

不欲為剛。不為物慾所牽，物物而不物於物，不依傍，獨立特行，可謂剛也。能不欲、獨立，則不偏倚，必大公中正。能大公中正，則道德純粹不雜，

不為私欲所纏附，故得乾元之精。不雜為精，六爻純陽無陰，不雜也。剛、健、中、正、純、粹、精，分為七德，合則一以貫之。

「六爻發揮，旁通情也」，乾之六爻各盡其事，各行其時，故能曲盡四德之性情。旁，曲盡也。通情，通達四德、萬物之情。

「時乘六龍，以御天」，六龍，六陽爻也。六爻各在其位，其時也有別——潛伏、在田、乾乾、或躍、在天、亢龍，在其時而行其事，「時乘六龍」也。乘，有掛搭之義，掛搭乃順著之意。六爻各有其時、各有其位，順之即可，乘也。爻位不同，時機則不同，乘運而行，方是「時乘六龍」。「時乘六龍」便是「御天」之法。乘御也非人一無所為，人能弘道，參贊於天。順著天道，裁成人事，便是參贊天道了。如孟子「以時入山林」便是參贊天道，便是「時乘六龍以御天。」

雲行雨施皆是天之所為，為天之生生之用，能乘御六龍，則必有「雲行雨施」之仁施於天下，如此則萬物生、天下平矣。

君子以成德為行，日可見之行也。潛之為言也，隱而未見，行而未成，是以君子弗用也。

**【程傳】**

德之成，其事可見者行也。德成而後可施於用。初方潛隱未見，其行未成。未成，未著也，德未顯明也。是以君子弗用也。

**【釋義】**

君子以行道為己任，成德以為行，君子懷德也。行道、成德在己，君子乃為己之學，吾欲仁，斯仁至也，日修一分則增一分德行，君子之學，日可見之行也。

此處講「潛」，著力於君子學未成，與孔穎達的晦藏避禍之說不同。隱而未見，乃德光未著，自隱也，非為晦藏避禍，為隱而隱，故下文有「行而未成」，修德而未能為時所用，德光微弱，不為人所見，自處暗地。孔子批子路用子羔，弗可用時而用之，學未成，德未著也。

**【補遺】**

行而未成：君子以為官行道為行而有成，入孝出悌非為行而有成也。學未成，則君子不可入仕，弗用也。

君子學以聚之，問以辨之，寬以居之，仁以行之。《易》曰：「見龍在田，利見大人。」君德也。

【程傳】

聖人在下，初二，皆在下者。雖已顯而未得位，已顯其德，而未配之以位。則進德修業而已。不期慕於外，進德修業以俟時，順命也。學、聚、問、辨，進德也。寬居、仁行，居德所，必心寬體胖，坦蕩蕩，無所畏懼，無戚戚之態，寬居也。寬居乃燕居之態，仁行乃為政之態。修業也。進德，所以求諸於己；修業，所以見諸於事。君德已著，利見大人，而進以行之耳。進位以行其道。進居其位者，進德而居天子之位。舜、禹也。九五至尊也。進行其道者，進德而行聖人之道。伊、傅也。九四大臣也。

【釋義】

「君子學以聚之，問以辨之，寬以居之，仁以行之。」這一段是順著「隱而未見，行而未成」過來的，潛德不可用，當如何？如何出「潛」為「見」？
——學習之。

「學以聚之，問以辨之，寬以居之，仁以行之」，概而言之，只兩個字——「學習」。分別而言，「學以聚之，問以辨之」是「學」字，「寬以居之，仁以行之」是「習」字。

君子之道無他，「學習」而已。

君子學仁義之道，聚仁義之德，問仁義之學，辨仁義之別，居仁義之宅，行仁義之路，皆是道德之事，一以貫之，博而約也，博學之而約之於一己。四者做到，必會「利見大人」，章明「君德」。

九三重剛而不中，上不在天，下不在田，故乾乾因其時而惕，雖危无咎矣。

【程傳】

三重剛，剛之盛也。剛在剛位，體乾又而處乾時。過中而居下之上，上未至於天，而下已離於田，危懼之地也。過中，以戒其過充。因時順處，因、順皆言當不造作，順命俟時而已。因，因時之變。順，順遜於人，不爭也。乾乾兢惕以防危，乾乾，不息也。兢，自修也；惕，惕外也。內乾乾以兢，外乾乾以惕。故雖危而不至於咎。危者自外，非行德能自免，君子但行己无咎則可。君子順時兢惕，所以能泰也。君子順時而為，然兢惕則不已，故能處三而泰。

【釋義】

九三剛居剛位而處乾體，重剛也；不在二、五，不中也。處上卦之下，上

不在天也；居下卦之上，下不在田也。

九三重剛又不居中，性好躁進、犯難而不順聽於命，非臣子當所為，其危在此。

如何脫困？

——「乾乾因其時而惕」。

乾乾者，進德修業而不怠於職，勤事緘默而已。因其時而惕者，進退與時偕行，順時兢惕，戒其尚勇冒進。

【補遺】

九三居下卦之上，又重剛乾體，勢必上行，而有冒進不順命之患，故戒之做事不說話，順時聽命而行。

**九四重剛而不中，上不在天，下不在田，中不在人，故或之。或之者，疑之也，故无咎。**

【程傳】

**四不在天，**不在天位五也，故當恪守臣道，柔伏待命。**不在田，**不在田，為官且居人臣之極。在田，乃德成而未入仕之時，九二是也。**而出人之上矣，**一人之下。**危地也。**進則有僭越之疑，退則有怠職之譏，危地也。**疑者，未決之辭。**兩或之，不能定，故疑也。**處非可必也，**自處隨道，消息順時，不可必如是也。**或進或退，唯所安耳，**安於分內。所以无咎也。

【釋義】

九四剛居乾體，重剛也。不居二五，不中也。居上卦而不在五，上不在天。處上卦之下，九五之下，人臣之極，下不在田。處一卦之中，居至尊之側，近於天位，尊臨眾庶之上而異於其道，中不在人也，謂不當以人臣素常之道而範圍九四。九四不上不下不中，居疑危之地，或之也。

【補遺】

九四近君之側，輔助九五，不能尸居其位，消極無為，故它必有時而「躍」。四之躍者，非進爵位，乃進德修業也。若爵位，則必僭越犯上，故四之「躍」乃修身、居位盡職，遂成其事而已。即使如此，「躍」了也有「或」之遲疑，四當躍而「在淵」，賓守人臣之分，則進躍而无咎也。

疑之者，慎其躍也。

夫大人者，與天地合其德，與日月合其明，與四時合其序，與鬼神合其吉凶，先天而天弗違，後天而奉天時。天且弗違，而況於人乎？況於鬼神乎？

**【程傳】**

大人與天地、日月、四時、鬼神合者，天、日、神皆為陽，地、月、鬼皆為陰，四時乃陰陽之變。合乎道也。一言以蔽之。天地者，道也；鬼神者，鬼以歸、縮、退、消、陰、衰、有形跡為義，神以升、生、息、進、陽、長、無行跡為義。造化之跡也。聖人先於天而天同之，後於天而能順天者，合於道而已。合於道，則人與鬼神豈能違也？

**【釋義】**

天覆地載，覆育萬物，天地之德也，大人思齊之，治平天下，左右億兆之民而安其所，輔相萬物，使各居其位，與天地合其德也。荀爽注：「與天合德，謂居五也；與地合德，謂居二也。」乾二居坤五，與天合德，五為天位。坤五居乾二，與地合其德，二為地位。

日月明照萬物，無所不及，大人思齊之，德光明照天下，貧弱鰥寡皆得其所養，與日月合其明也。荀爽注：「謂坤五之乾二成離，離為日；乾二之坤五成坎，坎為月。」坤五居乾二為離，乾二居坤五為坎。

大人定曆法，順天而行，贊四時之序，助萬物而生焉，與四時合其序也。

大人行天地之正，察幾微之萌，吉凶未萌而先預之，與鬼神合其吉凶也。

大人能於事之未顯而預備之，履霜而知堅冰至，飢寒未至而預備，先天而天弗違也；順由天道，不敢違逆，後天而行奉天時也。

後天者，人尊奉於天，不敢違天之道，猶坤之「先迷後得」之義，謙順之德也。

**【補遺】**

楊萬里：「堯舜天命未改而禪，先天者也。文之事商，武之退師，後天者也」。朱熹：「先天不違，謂意之所為，默與道契。後天、奉天，謂知理如是，奉而行之。」

亢之為言也，知進而不知退，知存而不知亡，知得而不知喪。其唯聖人乎！知進退存亡而不失其正者，其唯聖人乎！

**【程傳】**

極之甚為亢。甚則不知反，則為亢。反者，反歸於道也。至於亢者，不知進退、

存亡、得喪之理也。亢者，順由一極而行，不知執其兩端、陰陽消長之理，往而不知反也。**聖人則知而處之**，處之，行之也。之，陰陽之道也。**皆不失其正**，不失其中也。中則不偏於一端而知反正。**故不至於亢也。**

**【釋義】**

進而不知退，存而不知亡，得而不知喪，固守一極，不能反正，亢也。與時消息而順守其正，聖也。

聖人，其自帶天則乎？聖人，生而知之，行走之天則也。

**【小結】**

乾言天，健行不息，生物不已。六十四卦、三百八十四爻之變，一言以蔽之，生物之變化，元亨利貞，乾之變，君子之道也。

## ䷁坤卦第二　坤下坤上

坤，元，亨，利牝馬之貞。

**【程傳】**

**坤，乾之對也。**對者，陰陽相匹，非對立之對。乾剛坤柔，乾健坤順，乾闢坤闔，乾生坤育，乾先坤後，乾坤相對而生育萬物。**四德同**，元、亨、利、貞也。**而貞體則異。**乾以健為貞體，坤以順為貞體。坤之貞，乃貞固其順乾之德，故也以健為義——牝馬之健也。**乾以剛固為貞**，健行不欲為剛；固者，貞固不改，言其獨立特行，故常以大丈夫喻之。**坤則柔順而貞。**順乾為柔。貞者，貞固其柔順之恆也。**牝馬柔順而健行**，牝馬，善負重而能行遠也；馬為地類，必順地勢而行，其健在順，其德在恆。**故取其象曰牝馬之貞。**牝馬只言貞固，不能貞固，則不能順乾而恆，必失其坤德。凡德，必以恆為言；不恆，非得於己者。故德者得也，得之於己而須臾不可離也。

**【釋義】**

陳夢雷：「三偶為陰，其卦為坤，其象為地。陰之成形，莫大乎地。地勢卑順，故名為坤。六畫皆陰，內外皆坤。陰之純，順之至也。純陰至順，一承乎陽。循物無違，居心順應。理無不通，故占亦可大亨。然必守此順德，久而不變，故曰利牝馬之貞。」

乾之元始生萬物，坤之元始育萬物；乾主生，坤主育，坤為乾之對。對者，非對立之對，乃對應之對、成對之對、相與之對、匹配之對。乾生物，坤要應它以育物，應是回應，有擔當、承載、託付、成就之諸義。成對者，獨乾不成乾，獨坤不成坤也。相與者，互與而互為成就。

有此對應、成對、相與，才有天有地，有陰有陽，有父有母，有生有育，才能生長萬物。

唯有乾坤對應、成對、相與，故此，中國文化中的陰陽關係絕無西方辯證法中仇敵到底的意思。對應、成對、相與，都有責任、擔當、互助在裏面。雖陰陽也有彼此消長，但消長便是消長，乃是此消彼長，皆是利於萬物，不是一方滅了一方，故必有「仇必和而解」。

故此，乾有四德，坤也有四德。只是「貞」體不同，乾以剛健為貞，獨立不改；坤以柔順乾道為貞，依傍著乾、順隨著乾。利牝馬之貞：牝馬是健行之物，又能順從，利其貞順也。坤也健行，柔順於乾而健行不息，猶牝馬之順地而行，健在順地也。

坤之利，和順於乾道之健，貞固其牝馬之健。

## 【補遺】

乾之四德以生物為義，坤之四德以養物為義。乾乃生物之元、生物之亨、生物之利、生物之貞，坤則養物之元、養物之亨、養物之利、養物之貞。坤又以順、健二德最重：「順」則隨後不敢先，聽命不敢違，功成不敢居；「健」則能任重而行遠，牝馬之德於此二者備矣。

# 君子有攸往，

## 【程傳】

君子所行，君子，有德之臣子。所行者，往歸於君上也。柔順而利且貞，柔則不有己，臣盡忠不敢有己。不柔順而利，非義之利，不可貞也。**合坤德也**。合坤德，則得坤德。

## 【釋義】

坤為臣德，必往附於君，猶地必順承於天。

坤六爻之「君子」，皆為臣道。即使九五至尊，也無不可為臣道，敬天愛民，即是君之臣道。

牝馬必有所行，君子必有攸往，往歸於君上而行其臣責。

乾健而獨行，坤必「有攸往」而順附，也是坤健之義。往者，健往而從乾也。往，含有方向義，往某方、往某所，坤之「方所」即是乾，順乾而往，從君上而行，不敢擅自作為，如此，則不犯上不作亂。

守牝馬之貞，行以順健，則可以有所往；如不能順健而行，雖有往必不得其正。

先迷，後得，主利。

**【程傳】**

陰，從陽者也，待唱而和。陰居後為德，乾唱坤和，往而從後也。**陰而先陽，則為迷錯**，迷其性，錯其位。**居後乃得其常也。**順乾而後從之，乃坤之常道。**主利，利萬物則主於坤，生成皆地之功也。**坤之生乃是母養義，與乾之父生義不同。**臣道亦然，君令臣行**，君令，先唱也；臣行，後順也。君無令而臣子率而有「攸往」，則迷。**勞於事者臣之職也。**承君之任，順後之義。

**【釋義】**

往者，順命而往也，乃待命而後先，不敢倡先，故倡先則迷，順後則得。

乾主動，坤主從，坤主動為「先」則迷失其德，順「後」而從則有得於己。臣子若倡先則非能待命順承，則為居失其所，失臣之分位，失位則迷其所歸，故當順後居位為得。

君道「主」義，臣道「主」利，主義者立則、率先，主利者成功、輔贊。臣道之利，乃順君道之義而行，成事了便是「利」。臣道利成君之事，不可悖於君之義，利行其順，行其順君而已。

乾動而率先，坤順而從後，故坤率而先動，不從於乾，必迷失其坤順之德。坤需順乾而後動，順乾而後得。得，坤居後則能順成其功，也謂得其坤順之德。

來知德斷句為：「先迷，後得主，利」，義也可。主，即可為主宰義，也可為君上。坤得主，乃得其為坤之道、順從之德。臣子得臣之道，奉君命而往，則利。

**【補遺】**

不令而行，非臣道也，故先於令行則迷其臣道，後於令行則得臣道。臣道之順，乃順君道之義，君無義則不可順，順之非忠臣也。

《易之義》斷句為：「先迷，後得主」，釋為：「學人謂也，何先主之又？」學，從後為學，故曰「後得」乃「學人」也。「何先主之又」為「何先主之有」，坤不可為先，不可為主。

西南得朋，東北喪朋，安貞，吉。

**【程傳】**

**西南陰方，東北陽方。**西南為坤，物成遂之地；東北為震，陽始出之所。**陰必從陽，**陰以牝順為德，不牝順於陽，則迷失其位。**離喪其朋類，**朋類，群陰也。處群陰之中，不能

陰陽交合以生萬物，必離喪之，而後能合於陽而生物。**乃能成化育之功**，化者，承也，承天之生生之德而化為萬物之用。**而有安貞之吉**。安守其位而貞固之，吉在其中。**得其常則安**，德以常為義，得之於己為常，或有或無非德也。**安於常則貞**，順乾為常，安於順乾則貞。**是以吉也**。事順物遂為吉。

【釋義】

坤主西南，西南為群陰所聚，行於西南，則得其朋類。東北為震，為群陽所集，陰往行於東北，則喪其朋類，而能從正而行，如此則「安貞」，安順其臣位，貞固其坤德也。

安處其位為安，居位不遷為貞。不遷，自有恆德，自能固守。

群陰相聚，不能生物；小人朋比，不能成事；故當果敢喪其朋類，而往從於東北君子，如此則安吉。

《彖》曰：至哉坤元！萬物資生，乃順承天。坤厚載物，德合無疆。

【程傳】

**資生之道**，於天言，為資助，資天之生物為功；自物言，為依賴，為物所依賴，萬物資於坤之養物而生。**可謂大矣**。乾既稱大，故坤稱至。至以承大。**至義差緩，不若大之盛也**。物至於「大」，不可復加；「至」則有復進之義，故程子言「不若大之盛也。」**聖人於尊卑之辨**，辨，別也。**謹嚴如此**。言慎為謹，不苟為嚴。**萬物資乾以始**，資以始出。**資坤以生**，坤賦物以形，長之育之，亨之毒之，資坤以生也。**父母之道也**。父資始，母資生。**順承天施**，順天之義，承天之任（施）。**以成其功**，地順承天施，以成萬物成遂之功。**坤之厚德**，厚德者，厚之在己也。**持載萬物**，厚以持載言。**合於乾之無疆也**。

【釋義】

至者，極也。「至」似蘊一個「順」義，坤「至」順於乾而成其「極」，順「乾」為「至」。「至」（致）乾之廣大而順受之——「萬物資生，乃順承天」，「順承天」為坤之「至」。

坤之長育萬物也需「順承天施，以成其功」。陳夢雷：「資始者有其氣，資生則有其形。」氣言魂，魄言形。氣，換成時下語，當為「不息之生機」。

坤「厚」以對乾「高」，「厚」以任重言，臣道必以厚，不言而行，但行而已，方為厚德。坤也以「載物」以應乾之「生物」，坤厚所以載物也，厚為其本，載物為其用。「無疆」，廣大無邊際，乾、坤都有，天覆地載皆為無疆。「合」，德合於乾之無疆，以順立義；合自家的無疆，反己歸正。以厚德載物

來「合無疆」，厚德載物便是「無疆」。

【補遺】

天地生育萬物，但行不言。若擬諸於人道，天作則，發號命令，在先則有言；地居後奉令，成事為功，述而不作，故不言。居下者順命默行即可，多言必敗身喪德，不可不慎。

**含弘光大，品物咸亨。牝馬地類，行地無疆；柔順利貞，君子攸行。**

【程傳】

以含、弘、光、大四者形容坤道，猶乾之剛、健、中、正、純、粹也。

含，包容也。包容萬物，也謂含章不顯。弘，寬裕也。盡萬物之性，任萬物自為，不宰割，不佔有，寬裕也。光，昭明也。昭明乾德。含弘，所以光明也。大，博厚也。博以配天之無不覆蓋，厚以承天之無不生育。博似空間言，厚似時間言。空間以博而含弘，時間以厚而行遠。似人一般，先要立個規模，博大起來；再要行得久遠，篤厚起來。有博無厚或有厚無博，皆非地德。有此四者，故能成承天之功，「承」乃臣道也，下者承上之任。品物咸得亨遂。六字見坤道博厚。亨，取生意順達；遂，取物皆順成。取牝馬為象者，牝馬以順任為德。以其柔順而健行，地之類也。能順能健，地之類也。坤之健行，任重而能遠也。行地無疆，行地以「順」言，順地而行，故能無疆。無疆，言其不已也。唯有不已，故無疆界。謂健也。

乾健坤順，坤亦健乎？曰：非健何以配乾？坤任重，不健不能任重也。未有乾行而坤止也。其動也剛，順乾不改，是坤的剛處，也是它的柔處。不害其為柔也。柔順而利貞，柔順皆為贊輔乾道。乃坤德也，君子之所行也。君子之道合坤德也。

【釋義】

程子以「包容」釋「含」。「含」也為含德不顯。嵇康：「大人含弘，藏垢懷恥。」有含德不顯之義，坤陰卑順，宜有此德。坤道之弘為寬裕，任物自取自為，處下而卑順於物，不與物爭，寬裕不自顯也。

含德寬裕，自然廣大。

「光大」、「含弘」義可互攝。

光，昭明也，廣大也。無私、坦蕩蕩，乃為昭明；能無私、坦蕩蕩，足以成其博厚廣大；「昭明」、「廣大」兩義相通，「昭明」能成其「廣大」，「廣大」也能成其「昭明」，皆以惟公。才有私念便小了，便晦暗了。含弘、光大，合起來為歸為一本，分開了發用各有不同。

　　來知德以「靜翕」解讀「含弘」，以「動闢」解讀「光大」，頗有意趣：「其靜也翕，故曰含弘。光者，昭明也。大則是其所光者，無遠不屆，以宣著而言也。其動也闢，故曰光大，言光大而必曰含弘者，不翕聚，則不能發散也。」

　　靜含弘，蓄養其德；動光大，推出其德。蓄積了又放出去，如君子修身以治國一般。

　　含弘光大，可分開作四德看，猶夫子釋「元亨利貞」，不求文王「元亨，利貞」所謂本義，因易道在我，不在彼也。朱子求「本義」，求在彼之易，非孔門易學正途。

　　坤自有靜的，居下者需有靜德，待命而行者豈能妄躁？但坤德亦有它動處：儒者「夙夜強學以待問，懷忠信以待舉，力行以待取」，又是居下者健動不息。

　　品，分也、類也；物有品類，「品物」猶萬物。亨者，生意暢達也，惟物能率其性，故能生意興盛。「品物咸亨」：坤德含弘光大，物各遂其性，各安其命，故咸皆亨通。

　　荀爽以乾坤升降解讀：「乾二居坤五為『含』，坤五居乾二為『弘』，坤初居乾四為『光』，乾四居坤初為『大』。天地交，萬物升，故『咸亨』。」前二居坤五為坎，陰含陽為「含」。坤五居乾二為離，光明為「弘」。坤初居乾四為巽，陰巽順陽為「光」。乾四居坤初為震，天道下行為「大」。乾五降至坤二，坤二升至乾五，天地交，品物「咸亨」也。

　　「牝馬地類，行地無疆。」此是坤之健。

　　地類為陰，以柔順為德。牝馬者，居上能順受，居下能靜安，勇健能任重，順後而安行，地類之德也。牝馬之行不離地類，坤順之德未曾離身也。行於地者，必受制於地，必順地貌而行。此坤之「健」有別於乾之「健」處：坤健有依傍、有制約；乾健則獨立不依，自立規則。

　　牝馬唯有倚地而行，履其順德，才能「行地無疆」。無疆言其廣大，唯健行不息才能至其無疆。

　　「柔順利貞，君子攸行」。柔順是從他、順他，不出頭，不為先，不有我。臣子捨身盡責，不能有我，是他的柔順，也是他的剛強。順他從他則能和於他物，不與物對，和則有利。貞者，貞固「柔順」也。「柔順利貞」為坤德，君子守其坤德，順隨上命，行其所安。攸，所也；攸行，行有方所。地類之行乃順從天，臣子所行乃就君上，是坤行必有方所，就其方所，乃就其所安處也。

君子攸行乃奉命而行，有方所、有任責、有擔當。

坤有牝馬之順德，也有健行之剛德，剛在順中，順在剛中，唯順能成其剛，唯剛能行其順，二者不可分析。

**先迷失道，後順得常。西南得朋，乃與類行；東北喪朋，乃終有慶。安貞之吉，應地無疆。**

【程傳】

**乾之用，**乾以剛健不息為用。**陽之為也。坤之用，**坤以柔順任重為用。**陰之為也。形而上曰天地之道，**天地之運，不見有跡於私愛，萬物自然而化，不知孰為主宰，故而為形而上。**形而下曰陰陽之功。**陰陽有為而作，見四時、見萬物之生，可見之跡也，故為形而下。**先迷後得以下，言陰道也。先唱則迷失陰道，**陰以順後為道，先則失其陰順之道。**後和則順而得其常理。**陰陽相交，陽主陰從，為和。順其常道而得其常理也。

**西南陰方，**坤陰也。**從其類，**比陰也。**得朋也。東北陽方，**乾陽也。**離其類，**比陽也。**喪朋也。**喪其坤陰之朋，以求賢也。**離其類而從陽，則能成生物之功，**陰陽交合而生物。**終有吉慶也。**陰先迷後反，故言「終」。**與類行者本也，**本於陰體。**從於陽者用也。陰體柔躁，**陽能獨立而自安，陰則不能自安，附物而行，逐外無主於內，故言躁，非能自安者，陰依附於陽而後能安。**故從於陽則能安貞而吉，應地道之無疆也。**從陽而後能應地無疆。**陰而不安貞，**安其順陽之道，貞固不失，則得正。**豈能應地之道？**安貞則能恒固，不能安貞，豈能恒固？

**《象》有三無疆，蓋不同也：德合無疆，**天之不已也；**獨行也。應地無疆，地之無窮也；**廣大也。**行地無疆，馬之健行也。**順任也。

【釋義】

乾先坤後，陽主陰從，夫唱婦和，坤不可「先唱」，「先唱」則迷失其道。失道乃失其常也。柔順者行後於剛明者，從而和之，柔順於乾。

常者素常也，履其素常則為德。得之在己為的，德為物之自性，自性所為，無不行其常，性之也，自內之外，無往非道。

坤主西南，往行西南，能得朋輩，與類行也。陰類相比，不可生物，必耦於陽，故當絕其朋類，往之東北。東北乃陽聚之所，陰往從之，尋其所耦，和合生物，乃終有慶。

安行其坤順之道，貞固不失，安貞之吉也。能安貞，則能應地無疆。王弼云：「有地之形，與剛健為耦，而以永保無疆。」

《象》曰：地勢坤，君子以厚德載物。

**【程傳】**

坤道之大猶乾也，非聖人孰能體之？體之者，猶坤之廣大博厚在己者。地厚而其勢順傾，古人觀江河皆順流於東南，故言地勢傾；地勢傾以順天。故取其順厚之象，順承天，厚承重，承天則健行，承重則載物，故坤具健行、載物二德。而云地勢坤也。君子觀坤厚之象，以深厚之德，疑為「以深厚其德」，如此「深厚」便是修身。容載庶物。「容」言不擇而能曲盡物性，「載」言養育而不居成物之功。庶物，眾物也。地不擇萬物，即見其厚，也見其卑，厚承卑順，不有自己。

**【釋義】**

地勢廣大無疆，順承於天，則能厚載萬物。君子觀此象，順承天以修己德，推之於齊治平，乃見其載物之厚、容眾之廣。

程子認為，地厚且其勢順傾，如天傾西北、地陷東南：大地從西北往東南順傾，以承應天傾西北，足見順德之厚。君子觀此厚順之象，效法其「深厚之德」，以「容載庶物」。

君子修其厚德，以履坤順之健。不健行其道，不行地無疆，如何厚德載物？合言之，行地無疆便是厚德載物；分言之，一主動，一主靜。

初六，履霜，堅冰至。

**【程傳】**

陰爻稱六，陰之盛也。六為老陰，其象 ☷，上下皆陰，故為陰之盛也。八則陽生矣，八為少陰，其象 ☵下有一陽，陽生之時，非純盛也。非純盛也。陰始生於下，霜，陰始生也。至微也。聖人於陰之始生，以其將長，則為之戒。初為履霜之時，堅冰未至，懼其將長而為戒。陰之始凝而為霜，履霜則當知陰漸盛而至堅冰矣。履霜喻君子與小人初交接之時。猶小人始雖甚微，不可使長，長則至於盛也。

**【釋義】**

六為老陰，陰之盛者，故以「六」名陰。初六，陰在初位，陰柔始生之時，取霜漸為象，戒其漸盛。君子履霜知寒，見微知著，惕懼其堅冰將至，豫備之也。履霜堅冰，君子體之在己，而知霜漸而馴致於冰，知小人之道不可長也。

楊萬里云：「陽始萌則曰潛龍勿用，言方隱而未可以進也。陰始生則曰履霜堅冰至，言雖微而必至於盛也。觀聖人之言，可以知君子之難進，而小人之易盛矣。」潛龍勿用，君子難進也；履霜堅冰，小人易盛也：進德難，僭越易；

矩難立，欲易肆。

《象》曰：履霜堅冰，陰始凝也；馴致其道，至堅冰也。

**【程傳】**

陰始凝而為霜，漸盛則至於堅冰。小人雖微，長則漸至於盛，故戒於初。馴謂習，習，乃以人為言。小人漸盛，乃人為所至，故革去惡習，則可阻遏其漸長之勢。習而至於盛，習而不察，必至於盛。習，因循也。因循而習，不能自反，故成小人漸長之勢。

**【釋義】**

馴，調順習性也，順其性而調或逆其性而調。順其性而調遂之，履霜堅冰，「馴致其道」，任其積習所至。程子釋「馴」為「習性」之「習」，習，因循也。朱熹：「馴，順習也」。「馴致其道，至堅冰也」，順其習性，任由其因循，必漸至為堅冰。

陰鷙之氣不可放任，當於萌發之初遏而止之。俗語：壞習慣不能養成，「養成」乃「馴致其道」，馴致堅冰，龍戰於野，不復反也。

履霜而堅冰至，此本為必至者，然聖人猶言「馴至其道」，知其不可而為之，盡人力而已。

## 六二，直方大，不習，无不利。

**【程傳】**

二，陰位在下，故為坤之主，統言坤道中正在下，柔居正位，處下卦之中，中正在下也，謙退寬容而能處其正。地之道也。陰柔中正在下，地之道也。它爻皆不足以盡坤德。以直、方、大三者形容其德用，在己為德，推出去見諸於事為用，六二之用在直方大。盡地之道矣。地之道盡在直方大。由直方大，順由直方大也，行其地道之大。故不習而無所不利。不習者，因順其自然之性也。地道自然之性在「直方大」。不習謂其自然，順由其性，直道而為，自然也。在坤道則莫之為而為也，但行己，非為萬物而有所為，為而不為也。在聖人則從容中道也。天地之道，無不覆載，無偏私，萬物因之各得其性，中道也；聖人生而知之，其所行者皆從自性中出，行其不已者，無一絲勉強，無一毫增飾，從容也。直方大，孟子所謂至大至剛以直也。至大，天地覆載也；至剛，篤行不改也；以直，直以出之也。在坤體，故以方易剛，剛是乾的貞，方是坤的貞，故坤以「方」言，不以「剛」言。能貞固，其行必健，能健行無疆，必成其廣大、包容也。猶貞加牝馬也。方於剛外，增益承載也，猶貞而任重，如牝馬也。易者，置換也。言氣，則先大。氣無邊際，故為大。大，

氣之體也。**於坤，則先直方**，直出其性，方承其任。**由直方而大也。**由者，因由、順由也。**直方大足以盡地道，在人識之耳。**識之者，非由客觀的觀察而知之，體之在己而自識也。**乾坤純體**，純體者，全剛爻全柔爻。**以位相應。**乾以九五之位相應，坤以六二之位相應。**二，坤之主**，六二為坤之主爻也，坤之性由六二盡之。**故不取五應，不以君道處五也。**坤以居後謙讓，故不居五之高位，但居二之下位。**乾則二五相應。**

### 【釋義】

朱熹：「柔順正固，坤之直也。賦形有定，坤之方也。德合無疆，坤之大也。」

直，出其自性之真而不已者，如史魚之如矢、舜之沛然。坤道以「柔順」為其性情、為直，守其「柔順」為「正固」。

方為形，形體一定則不易變，「方」也指「不變」，方則止，不變也；止於此而不遷，不遷其德為方。「賦形有定」，「定」乃是有定矩，方為矩，賦物有矩，唯德在己為矩，故方為德也。有德則能貞固，不有其德，如何去貞固它？「方」也涵攝貞固之義。

直行其內則不易其方，如此則成其廣大。直方大，合起來只是一事，唯直則有方，直方則大。

六二柔中處卑，廣大含容，自有此「直方大」，衷心所出，率性而為，馴致其道，不必「習」而為之，則無為而「无不利」也。

### 【補遺】

「直方大」本是天性，不必習成，由之則可，自然利在其中，無所不正。《易之義》曰：「因不習而備。」備者，自足也，直方大乃六二自備之德，故無需踐習。

《象》曰：六二之動，直以方也。不習无不利，地道光也。

### 【程傳】

**承天而動**，天動以先，地順動以後，承天之任而動也，猶臣屬奉命而行。**直以方耳**，地雖承天而動，但行其自性之不已者，非為曲己而求媚於天，故言直以方耳。**直方則大矣。**內直方外。直以誠言，方以義言。此義誠出於此心，義以直出，故言大矣。**直方之義，其大無窮**，直道公坦，方道不改，故其大無窮。**地道光顯**，地道光顯在直方。地道不自顯，而萬物得以生成，光顯在萬物也。**其功順成。**順天之生而成物之功。**豈習而後利哉？**行在己之直方大，非習之也。

### 【釋義】

六二柔中處卑，自具直方之性，故其所動，無不直以方也：直行其道而自成規矩，直以方也。

直以方，皆由六二之性中出，率而由之，行其不已者，故不習而自成。直方之道應和天之誠无妄，故必將廣大，體厚而行遠，萬物因之而生、因之而成，无不利也。无不利者，非利己也，乃所以利萬物。

地道光者，光在直方，以利萬物。

### 【補遺】

由直方而出，必成其廣大容物，則無物不載，無物不承，利眾而不有，地道光也。

## 六三，含章可貞；或從王事，無成有終。

### 【程傳】

三居下之上，三爻為下卦之上。一二言地道，三四言人道，五上言天道。得位者也。含章以下皆為戒辭：六三柔居剛，處下之上，不能安於分，故戒之。為臣之道，當含晦其章美，含而不露，晦其章美，臣道居後，不當奪君上之美，故當含之。有條理則有章。有善則歸之於君，臣任其勞，有功歸於君。乃可常而得正。常處其位而得臣道之正。上無忌惡之心，下含章謙退，則上無忌惡之心。下得柔順之道也。下，處下者。柔順於君也。可貞謂可貞固守之，貞守含章從後之道。又可以常久而无悔咎也。常久處其位而不失也。或從上之事，從上而有事。不敢當其成功，成功在上，不在己。當，承當。惟奉事以守其終耳。奉事，奉上行事。守職以終其事，終其事，恆任其勞也。臣之道也。

### 【釋義】

處臣之道，當任其勞而終其事，不有其功，含其章美而貞固之。無成者，成事在君，臣子不敢居之。有終者，臣子敬事任重，含章始終而有其終。或，有時也。臣子或從王事，順時而動，非敢悖時也。

六三柔履剛位，處陰陽之際，剛柔相雜，又居下位之上，易躁動而不安於分，若爭而自向上，則失臣道之順，故戒之當「含章可貞」，畜含其章美，待時而動，聽命而行，貞固其分，不可妄作。或從王事，宜當謹始慎終，成事不居，無成則有終也。

六三為告戒之辭，未做事之時，當含章可貞，晦藏靜候；做事時，當無成有終，功成不居。

### 【補遺】

六三柔居剛，本為不正，又為順體，順其不正，更增益其妄動；故戒當畜斂章美，不自作，不妄先，靜俟有命，順從時發，則有終矣。

《象》曰：含章可貞，以時發也。

### 【程傳】

夫子懼人之守文而不達義也，固守含章，全不作為，守文而不達義也。**又從而明之**，以明「含章」待時之義。靜處是「含章」，動時「無成有終」，也是「含章」，不能固執一處看了，以為「含章」只是靜時當如此。言為臣處下之道，為臣者即使身居高位，也是處下，必以順後任勞為義。**不當有其功善**，不當居功為己有，功成歸之於上。**必含晦其美**，不敢彰顯其美而遮蔽君上之美。**乃正而可常**；正則常也，常則正也，行己為正，己出為常。常者，常在己者也，不在己者，豈可為常乎？正者，不偏其常為正。處臣位之常，則正也。唯能處正而後乃能常道不離。**然義所當為者，則以時而發**，臣道任重，故必有勞於君先，則當時發以奉命也。時，上可則為臣之時，上不可則非其時也。**不有其功耳。不失其宜，乃以時也**，以時者，不失其宜為其一，待命而行為其二。**非含藏終不為也。**臣道勞作。**含而不為**，道行於天下，懷其寶而迷其邦，恥也。**不盡忠者也。**盡忠者，竭其力而不有其身。

### 【釋義】

為受命時，含其章美，靜息其妄躁，安待君上之命，俟時而發。

六三之「發」，非自發，乃受命而發，故必與時偕行。含章、可貞、時發，皆為戒辭，貞守其含章，時動則動，令出則發。發，臣任勞而有作為。時發，待命行事。臣之時在君，不正己。

或從王事，知光大也。

### 【程傳】

《象》只舉上句解義，則並及下文，並及「無成有終」。他卦皆然。《象》於他卦只釋上句。**或從王事，而能無成有終者，是其知之光大也。**君子之德見諸於之國平天下，知光大也。**唯其知之光大，故能含晦。**淺暗之人有善，德淺而行暗之人。**唯恐人之不知，豈能含章也？**

### 【釋義】

知光大者，知光大其含章之美也。時至則要推出去，光大其含章之美。「光大」二字，非是要革變「含章」，「光大」只是有所作為，非要高調伐功，故「光

大」之舉仍在「含章」之中。「光大」為事，「含章」是德。德不宜耀光，仍需含章。但「德」（含章也）要推出去，由己及人，見諸於事，便是「光大」。知光大也，非是要固守「含章」不發。

「光大」需注意兩事：一曰含章，二曰終事。「光大」在事上光大，在「含章」中光大。在含章中低調地把事做成，低調與遂事，都是臣子應有之德與應盡之責。

**【補遺】**

「含章可貞，以時發也」，引出「或從王事」，故知「或從王事」乃知其順時待命，故復云「知光大」，其智光大也。臣之智在順，能順則其智光大。光大，光大及物，言其德可以為眾臣之範，明其明德。

我在「補遺」中所說，不必近同於上。體悟在此時，便有此道，體悟在彼時，便有彼道，一時一個道理，然都是那個「道」。

**六四，括囊，无咎无譽。**

**【程傳】**

**四居近五之位，而無相得之義，**陰耦於陽則相得生物，不能與朋類相得也。坤時不去朋類，則不相得。**乃上下閉隔之時。**時則天（上）地（下）不生，故言上下閉隔。**其自處以正，**四為柔位。**危疑之地也。**處高則身危，近主則受疑，失居高近主又不為上所信任，危疑也。**若晦藏其知，**不臧否人物，不光顯其德，謙退而任垢。**如括結囊口而不露，**括，紮也。括囊，上者危行言遜或僻世、僻地、僻人、僻色，次者和光同塵，所謂「深則厲，淺則揭」者。不露，不顯於眾人也。**則可得无咎，不然則有害也。既晦藏，則无譽矣。**有譽則能興眾言；晦藏其德，使眾言無所興於己，故能遁逃於名譽而无咎也。

**【釋義】**

括囊，紮緊袋口，慎其所出，處危疑之地，君子危行言遜，小人和光同塵，不求聞達而深藏，則无咎。《易之義》：「不言之謂也……默亦无譽，君子美其慎而不自著也，淵深而內其華。」君子淵深自藏，不著其華，慎其口出而无譽也。

六四居近君之側，乃處危地，動不慎則有咎，含章慎出則无咎无譽。來知德：「蓋譽則有逼上之嫌，咎則有敗事之累，惟晦藏其智，如結囊口，則不害矣。」美譽則蓋主，敗事則不任，皆非臣當為也。

四出於下而居於上，裹夾其中，上下皆為坤陰閉合，進無可進，退無可退，故有重陰括囊之象。然四能柔居正，能正以處之，順遜於上，貞固其臣職，藏

智若愚，則能无咎无譽。

六四乃大臣之位，非隱遁不仕者，括囊非為懷璧不用於世，故《象》但言慎則不害事，也不為所害。

**【補遺】**

《二三子問》中以為「箴小人之口」，非箴聖人之口，蓋聖人之言如山川，與天地合，萬世用之，不可箴也。孔子曰：「此言箴小人之口也。小人多言多過，多事多患……而不可以言箴之。其猷『括囊』也，莫出莫入，故曰『无咎无譽』。」弟子疑問：「獨無箴於聖□□□」疑為「人之口？」孔子答曰：「聖人之言也，德之首也。聖人之有口也，猶地之有川谷也，財用所劖出；猶山林陵澤也，衣食□□所劖生也。聖人一言，萬世用之。唯恐其不吉也，有何箴焉？」聖人之口猶地之川谷，言必生育百姓，故無緘口之說。□為缺字。

《象》曰：括囊无咎，慎不害也。

**【程傳】**

能慎如此，則無害也。不害於事，也不為人所害。

**【釋義】**

四居上下閉合之時，君道不行，上下猜疑，道不行於天下，故當危行言遜，敬慎遜讓則不害也。夫子以「慎不害」解讀「括囊无咎」，則「括囊」非指一言不發或無所作為，只是敬慎而已。

《子夏易》曰：「純陰之升，無陽以明之，則陰不能獨化也。下體地也，上又非陽，無天無君之象也，天地不交之道也。賢人何由明乎？敬慎而懷其道，包括而不敢發，可以无咎譽也。戒其位於上行也。」

處群陰之中，天地否塞，六四為陰，無陽為耦，無君為助，臣道非能獨化天下也，故當慎行不發，含章自隱，不敢為先也。

六五，黃裳元吉。

**【程傳】**

坤雖臣道，君對天也是子道、臣道，不必說坤無君道，否則，六四括囊何為？**五實君位，故為之戒云：黃裳元吉。**黃言中，裳言下，卑處中道也。在坤時，雖處尊亦以卑順為義。**黃，中色。裳，下服。**黃為土色，土居五行之中，以色黃喻中道。五居上卦之「中」，故有黃象，中道也。裳為下服，臣居天位，有裳之象，卑處也。六五黃裳，居尊而卑處中道也。**守中而居下，則元吉，謂守其分也。**二至五爻皆以卑順為分。**元，大而善也。**元為天

德故為大，為生物之始故為善。**爻象唯言守中居下則元吉，不盡發其義也。**要在體之，不需在文字中追究。**黃裳既元吉，則居尊為天下大凶可知。**自尊居天下之上，居尊也。**後之人未達，**未通達此義。**則此義晦矣，不得不辨也。**辨卑居尊位之義。**五，尊位也。在他卦，六居五，或為柔順，**下有剛明之才，則六五為柔順之君。**或為文明，**唯虛柔而能廣招天下賢才。**或為暗弱；**柔履剛也。**在坤，則為居尊位。**程子以為臣居尊位，羿、莽是也。**陰者，臣道也，婦道也。臣居尊位，羿、莽是也，猶可言也。婦居尊位，女媧氏、武氏是也，非常之變，**變而非其常道也。**男居至尊，**常道也。**不可言也，故有黃裳之戒而不盡言也。**皆是程子盡發其義。**或疑在《革》，湯、武之事猶盡言之，獨於此不言，何也？曰：廢興，理之常也。以陰居尊位，**婦居尊位。**非常之變也。**

### 【釋義】

黃為中，五也；裳為下，陰也；五為尊，君也。位尊而能卑處，率天下以公，元吉也。六爻皆倡謙順，六居尊位，又增中道尚公一義，謙處而以公出，故以致吉。

《易之義》：「『黃裳元吉』，子曰：『尉文而不發之胃也。文人內其光，外其龍，不以其白陽人之黑，故其文茲章。』」尉同蔚；胃同謂；陽同揚；龍同矓。「尉文而不發」、「內其光」，有盛德而不顯也。「外其龍」，不顯於外也，君子不揚己之善而顯出他人之惡。

## 《象》曰：黃裳元吉，文在中也。

### 【程傳】

**黃中之文，在中不過也。**在中，行中道也，故不過於中。此處「文」特指「裳」。裳在黃中，喻臣處尊位。在中不過者，盡臣禮而不僭越。**內積至美而居下，**七字釋黃裳。黃為土、為中，中能容眾，有聚積之義；土兼四行，也有聚積義；另，陰柔虛，也有聚積之義，六又在上卦之中，故為「內積」。「至美」，即言「黃」，也言「裳」；「居下」專言「裳」。卑居尊位以行中道，內積至美也。**故為元吉。**

### 【釋義】

六五柔居剛，陰陽雜，有「文」象；「文」處上卦之中，文在中也。黃為土，處四行之中，為中象；土兼四行，四行雜糅，也有「文」象，亦為文在中。君子含其德而不發，故言「在中」。

文，禮也，父子君臣上下之禮，乃所以為文也。禮不僭越而適度，中也。臣謙處尊位，恪守臣道，文在中也。

上六，龍戰於野，其血玄黃。

【程傳】

陰從陽者也，然盛極則抗而爭。陰居上位，處盛極。抗，勢相當。**六既極矣**，六居上位，既極矣。**復進不已**，龍戰，復進不已也。陰柔不可自進，隨陽剛而後進。「復進不已」者，不巽順也。**則必戰**，不順必戰。**故云戰於野**。野謂進至於外也。上處外卦之上，至於外也。**既敵矣**，敵者匹也，不相上下之謂。**必皆傷，故其血玄黃**。擬龍之血黃，真龍之血玄。

【釋義】

龍者，乾陽之象也。上六陰柔，本為牝馬，然窮極於上，亢而不順遜，自擬為龍，不能自反其正，且復進不已，與剛抗敵，故有龍戰於野之象。

上六處「外卦」之上，離位進至於外，柔不馴順，擬龍而戰，故名其所處之地為「野」。天玄地黃：上六屬地，其血黃；龍陽屬天，其血玄；兩龍鬥而皆傷，其血玄黃也。

楊萬里：「陰極傷陽，臣盛傷君，六而居上，陰極而臣盛矣。故陰陽爭，君臣戰，兩傷兩窮而後已。」

【補遺】

《二三子問》中孔子對上六有另一種解讀，認為此是聖人行教於百姓——「龍戰於野」，且有教化之行跡——「其血玄黃」也：

孔子曰：「此言大人之寶德而施教於民也。夫文之孝，采物暴存者，其唯龍乎？德義廣大，法物備具者，[其唯]聖人乎？[龍戰於野]者，言大人之廣德而下接民也；[其血玄黃]者，見文也。聖人出法教以導民，亦猶龍之文也，可謂[玄黃]矣，故曰[龍]。見龍而稱莫大焉。」龍喻聖人，野喻百姓，戰乃交接，玄黃乃教化之跡也。

《易》無達詁，隨時以成教化而已。

《象》曰：龍戰於野，其道窮也。

【程傳】

陰盛至於窮極，道窮居極。道窮則不由順遜之途，居極則處高不能謙卑。**則必爭而傷也**。

【釋義】

龍戰於野，陰亢極而不知自反，放而不歸，坤順之道窮也。

乾之上九亢而有悔，思反也；坤之上六亢而戰，不思也。陽為君子，能自反而止；陰為小人，逐物而流也，若馴致遂欲，必至犯上作亂。

君子觀坤，始有履霜之惕，終有道窮之歎。

**用六，利永貞。**

**【程傳】**

**坤之用六，猶乾之用九，用陰之道也。陰道柔而難常，**反己為常，循外則不常。陰柔依附於外，故難常。**故用六之道，利在常永貞固。**

**【釋義】**

坤順之道，利在常永貞固。坤以順隨為義，難自立而常，易牽繫於外而變其初，故戒以永貞，則其道常固也。

**《象》曰：用六永貞，以大終也。**

**【程傳】**

**陰既貞固不足，**陰柔易順於外，難以篤貞於內，故不能永終。**則不能永終。永終者，**永長而終其事。**故用六之道，利在盛大於終，**坤以成功為終，盛大之終，成功也。**能大於終，乃永貞也。**

**【釋義】**

用六之道在於「永貞」，貞固坤順之道。以大終，以「直方大」之道終之。或解為以大人之道終。大人能貞固，能慎其終始。

**《文言》曰：坤至柔而動也剛，至靜而德方。後得主而有常，含萬物而化光。坤道其順乎！承天而時行。**

**【程傳】**

**坤道至柔，**順天不忒，無有間息，至柔也。**而其動則剛；**坤應乾而動，所動皆以生物為心。**不改其性為剛；**坤之性，直方大也。子曰：「棖也欲，焉得剛？」為外物所誘而改其中，不得為剛也。**坤體至靜，而其德則方。**古人觀大地，乃至靜之物。至靜則易於受制，故又言「其德則方」。方者，有矩有則，不易也。坤不易其德者，順乾而生物也。**動剛故應乾不違，**後之為「應」，坤以「後」為德。不違者，恒德也。坤以不違乾為德。不違乾，即不違道。**德方故生物有常。**行有則，則其發用——生物，有常也。有常則生物有終始，生物有終始則能成物。**陰之道不唱而和，**唱於先，和於後。**故居後為得，**得言德在己也。陰居後而成其德——謙恭任重。**而主利成萬物，**利成二字合起來讀：利萬物、成萬物。唯利成萬物，故不有萬物。**坤之常也。**常行也。**含容萬類，其功化光大也。**利物、化育之功廣大也。

「主」字下脫「利」字。程子以為當是「後得主利而有常」。**坤道其順乎？承天而時行**，坤之時行，乃以時生萬物。**承天之施**，天施猶王命。**行不違時**，時行、承天施、不違，皆言順德。**贊坤道之順也**。

【釋義】

坤至柔以順乾，六爻皆陰是其「至柔」也。坤以牝馬之健，行地無疆，所謂動者，動而貞固其直方大之性，不遷其常，動也剛也。

直方大為陰之常性，貞固不失，守內而不徇外，物不能擾其中，待位守命，至靜也；順乾而動，終始其道，不改其初，亦至靜也。貞固不改，常德不忒，德方也。至靜為用，德方為體。程子云：「德方故生物有常」，四時不忒，生物有其常也。

坤之德，不敢為先而順後，此其常也。得常則有主在己，不失其本也。主者，不失其本根，有自立之謂。

坤道至大，包容萬物，使萬物各遂其性而長之育之，生而不有，長而不宰，「含萬物」也。

坤之化物，各遂其性，隨物之自由，故其道光大。光，廣也。坤因「含萬物」而不有，故其化物之功一皆依順萬物之自為，與之而不有之，生之而不據之，如此則其化廣大，被澤萬物。

坤之四用——後、靜、方、主，皆以承天順天為務：承天為「後」，待天命而行為「靜」，不改其「後靜」為「方」，得其方而不離則有「主」，故云「坤道其順乎！承天而時行。」

在後居下為「承」，承天之命也。承則有任，任天之重務，故坤有擔當之德：承乾之生生而養育萬物。生育萬物，必按其時而行，故地道以時行也。

「時」本為天德，坤並無「時」，因坤跟著乾而轉，順乾而有「時」，四季之時是地道承天而來。坤道「時行」，乃為按天時而行，坤德所具四用：「後、靜、方、主」，皆因「時行」而生成。

**積善之家必有餘慶，積不善之家必有餘殃。臣弒其君，子弒其父，非一朝一夕之故，其所由來者漸矣。由辯之不早辯也。易曰：履霜，堅冰至，蓋言順也。**

【程傳】

天下之事未有不由積而成，善、惡皆由積微而著形。人為者，積之道，積有漸也。家之所積者善，則福慶及於子孫；所積不善，則災殃流於後世；積必至於有光，

光者及物也。其大至於弒逆之禍，皆因積累而至，非朝夕所能成也。明者則知漸不可長，惡之漸不可長。小積成大，辯之於早，不使順長，故天下之惡無由而成，乃知霜冰之戒也。霜而至於冰，小惡而至於大，皆事勢之順長也。此是為政者、教育者之責，此兩類人若不作為，必至惡盈天下。近日國內小學教材插圖，西方毒品合法化，率皆由此。故此，天下之惡皆由居上者己之不正，不辨不作為所至。

## 【釋義】

積者，漸進之道。人之成賢成聖，必由學習。學習，乃漸進之道，由階梯，順次序，成德立業必由此門。後儒滲透了禪學，才開了漸、頓兩個法門，大講頓悟，整日家琢磨「活潑潑的心」，偏離正規，流毒無窮。

學之初始，必由正途，方能積善而有餘慶；若不由正途，則積不善必有餘殃；故積習不可不由正。「臣弒其君，子弒其父，非一朝一夕之故，其所由來者漸矣。」皆由積不正而所至。故立學之初，先辨學之正否，學不正，則所積不正，所積不正，則習惡漸深，犯上作亂由是而生而不能止，順非也。故云，履霜而知堅冰至，不可順惡也。聖人深為之戒，學正學非，順善順惡，不可不早辨。聖學始於幾，此之謂也。

直其正也，方其義也，君子敬以直內，義以方外，敬義立而德不孤。直方大，不習，无不利，則不疑其所行也。

## 【程傳】

直，言其正也；直出其正，不計利害。程子以正訓直，人有善端，直出皆由其善本，故直可訓正。方，言其義也。義必由矩。方者，矩也。君子主敬以直其內，動容貌，正顏色，齋莊中正，所以為敬之方。主於敬，乃養其直；內以敬直，修身也。守義以方其外，守義者，時行以宜也；方其外者，行宜必由方矩。敬立而內直，敬立，行其敬也；內直，誠其內也。義形而外方，行其所宜，義形也；行其所宜，必由規矩，外方也。義形於外，非在外也。所宜者，立則在己，故曰義內也。敬義既立，其德盛矣，內敬以成德，外行以方宜，德盛也。不期大而大矣。大者，盛德之謂。行之在己，非為期許，不期大也。德不孤也，盛德必惠及於人，德不孤也。無所用而不周，行其所素常，無所用也。周者，周備也，盛德覆載包容廣大，故言無不周也。無所施而不利，不為施德而行其德，無所施也。不利者，無所不利，盛德之覆載。或者，沛然而出，行不由己，無所施為，也不求為利。孰為疑乎？直道而行，非曲飾求媚，何所疑哉？

## 【釋義】

直，率之也；以直出正，沛然而出，性之而非利之，直其正也。方者矩也，

義者宜也。行其所宜，必合於矩，義以方出也。

敬者養也，純粹不雜為敬養，才有雜便有計利之意，非所謂敬養者。敬以直內，以直道養其善，直養也，以誠出其中也，惟精惟一，允執其中，乃所以敬以直內之道。義以方外，以規矩之道行其義也，夫子所謂「造次必於是、顛沛必於是」也，必由規矩，而後才能「心有所欲而不逾矩」，也為養德之道。

君子以敬養其直內——以純粹精一養其誠善，以義行其方外——適宜地行其規矩。行義，行宜也，行宜必由規矩，規矩其行義也。

君子以敬養其直，以義養其矩。「立」含「行」義，立者，行於世也。敬義立而德不孤：誠摯為善，謙恭以行，則內成其德而外必有朋，有朋自遠方來，君子比鄰而共進於道。

夫子所言之「直」，乃為善以直道出之，不曲飾，也不及於惡，故他只言「直其正也」，不言「直其非也」，程子所謂「直，言其正也」。

「直方大，不習，无不利，則不疑其所行也。」順由「直方大」，率性而行，沛然而出，生知直行，何所疑哉！

### 【補遺】

「直其正」至於「不疑其所行」，皆為養直之功。善，可以直養，不善，豈敢直養乎？不疑，只是「直」，故能不思而得，不慮而行，不疑也。

**陰雖有美，含之以從王事，弗敢成也。地道也，妻道也，臣道也。地道無成，而代有終也。**

### 【程傳】

為下之道，不居其功，善為下者，卑順以處，不居功而為高。含晦其章美以從王事，含而俟時，晦其光美，順王之命而行其臣職。代上以終其事，代上勞之，任重也；終始其事，盡責恒德也。而不敢有其成功也。不敢居其成也。猶地道，代天終物而成功，代天生育萬物，終始其事，代天成功也。則主於天也，妻道亦然。

### 【釋義】

直方大，陰之美也。含之，斂之蓄之，不光顯其美，卑處也。

從，順後而隨也。從王事，憂之勞之，皆輔從也，故弗敢居成。成功乃是王事之成功，非己事之成功，故「弗敢成」。

臣子從王事，韜光晦隱，奉命而已。臣之功乃從王而成，功在王，不在臣，故無功可伐，「弗敢成」也。

陰以柔順謙恭為美。「含之」非無所作為，乃低調做事任重，只做事，不發聲。臣道不可須臾而離，也為「含之」，臣子要隨身攜帶「忠誠」、「任勞任怨」，以追隨君長，不可須臾而離，以終其王事。「忠誠」、「任勞任怨」諸品質含有不張揚、含章、晦藏之性。

地道應天之命而代育萬物，代天以成其事，代君以成其功，與事終始而不離，代有終也。因有「代」，地道成事了，也是天之功勞，地把自家隱了。因有「終」，地道必須恒常其德，不得中道而廢，鞠躬盡瘁，才能始終其事。

【補遺】

陰柔含其章美以從王事，美在王，不在己，故成則不敢居，謂其含美以從也。從，居後不耀光、不敢先。

終始不敢有己，不有己而終其事，代有終也。所行者，代也，代為人，非己之行，非己之功。

**天地變化，草木蕃。天地閉，賢人隱。易曰：「括囊，无咎，无譽。」蓋言謹也。**

【程傳】

四居上近君而無相得之義，相得，相輔也。君以禮臣以忠，相得也。故為隔絕之象。兩陰難相得。天地交感則變化，萬物草木蕃盛，君臣相際而道亨。際，遇合也。天地閉隔則萬物不遂，遂，生育成遂也。君臣道絕，賢者隱遯。四於閉隔之時，括囊晦藏，則雖無令譽，可得无咎，言當謹自守也。

【釋義】

此節說六四。

天地變化，天以變，地以化。日夜轉四季行，天變也；化育草木萬物，地化也。地化，乃是地化天之變，轉而以成萬物，如大地吸收陽剛，滋養於萬物。蕃，蕃盛，草木隨地化而蕃盛。先言「天地變化」，後言「草木蕃」，前後因果，萬物順天而行。

天地閉，絕其上下往來，天地否絕也，天不變地不化，草木不生；賢人觀此象，而隱處不仕，以待其時。六四處重陰之地，近君而不得與君互通，君臣道絕，賢者不得行其道，只得隱遁。於天地閉合之時，賢人當括囊晦藏以自守，无譽无咎，以此安身。

此處的「謹」非僅指謹言慎行，在危懼之時，收斂光華，低調行事，小心

言禍，貞固其「危行言遜」。

君子黃中通理，正位居體，美在其中，而暢於四支，發於事業，美之至也。

**【程傳】**

黃中，文居中也。六五之文，順德也。君子文中而達於理，居正位而不失為下之體。五尊位在坤，位處尊而行卑順。則惟取中正之義，美積於中而通暢於四體，發見於事業，德美之至盛也。

**【釋義】**

此節說六五。

六處上卦之中，黃中也。體順而通理，由居黃中也可通理，通坤順之理也。居中則正位也，不失坤順之德，居體也。

五本是剛位，柔居之，非其正也；然五為中位，居中故復得其正位。坤上下皆為體順，居體，居坤順之體，順下也。六五居坤體，以柔順為道，謹守臣分。六五居尊位而守臣道，正位居體也。

五在諸卦皆是君位，在坤乃臣居尊位，當戒懼謹慎，貞固臣道為正。臣子不當處五位，如周公不當攝天子位一般；若以居了，應守「黃中」，以卑順處之，得臣道之正，則「正位居體」也。

「黃中通理，正位居體」八字釋「美在其中」之義。相較「暢於四支」，則「美在其中」更強調「敬直」在內。「暢於四支」則見諸於舉手投足之間，「非禮勿視，非禮勿聽，非禮勿言，非禮勿動」也。

「暢」字微妙，唯有內心敬誠純粹，黃中之理實存其心，外在之禮儀，方能暢達於四肢，無一絲隔閡，若天然一番，無纖介勉強，直其道而出，如此方為「暢」。

「發於事業」，黃中之理見諸於事業。

「暢於四支」為修身，「發於事業」為治平，內外交修，坤順之德本末暢達，一以貫之，內聖而外王，「美之至也」。

陰疑於陽必戰，為其嫌於無陽也，故稱龍焉；猶未離其類也，故稱血焉。夫玄黃者，天地之雜也。天玄而地黃。

**【程傳】**

陽大陰小，必從陽。陰既盛極，與陽偕矣，是疑於陽也，不相從則必戰。

卦雖純陰，恐疑無陽，故稱龍，見其與陽戰也。於野，進不已而至於外也。盛極而進不已，自進不已，不由陽之命，不順而犯陽也。則戰矣。同性則戰，上六擬陽，與陽同性也。雖盛極，不離陰類也，擬而非正也。而與陽爭，其傷可知，地不可勝天，陰不可勝陽，可知也。故稱血。陰既盛極至與陽爭，雖陽不能無傷，故其血玄黃。玄黃，天地之色，天流血玄，地流血黃。謂皆傷也。

### 【釋義】

疑，朱熹：「鈞敵而無小大之差」，敵也，也有解為「擬」，義皆可。「陰疑於陽必戰」，陰陽敵，陰不順，必戰也。疑，也作「被疑」。子夏易：「陰之盛，陽憚而疑。」陰為陽所忌憚，疑其不順。

「嫌於無陽」：嫌，不滿也。上六不滿於坤體無陽，擬龍為陽也。鄭玄本作「兼於陽」，嫌作兼，少「無」字。上六之陰兼攝陽之用，故而自擬為龍。如牝雞可下蛋，也兼攝司晨。

群陰無首，上六自擬為首，故自稱龍焉。乾卦上九，因亢而生悔，不肯為首也。上六則堅冰至，亢而不知反，自堅為首，敢為眾陰之先，而失坤順之道。

「猶未離其類，故稱血焉。」陰傷流為血，上六雖自為首且以龍自居，但尚是陰類，未離其類也。

### 【小結】

坤以柔順為德，順乾而後有為，不敢為先。無乾為主導，坤必馴至於堅冰。坤之德不能自得之，必由教導而後為得，故履霜堅冰而知教化不可或缺。

## ䷂屯卦第三 震下坎上

### 【程傳】

屯，《序卦》曰：「有天地然後萬物生焉。序正則物生，故上篇以乾坤，下篇以咸恒，皆所以正序也。盈天地之間者惟萬物，盈滿天地之間者唯有萬物。萬物，生意之所在，《象》云「剛柔始交而難生」，以天地盈滿生意為義。故受之以屯。屯者，盈也。屯者，生意盈積而難出，盈意塞也。屯者，萬物之始生也。」生意蓄積於下而未出。萬物始生，鬱結未通，鬱，猶盛也；結，盤結未暢也。故為盈塞於天地之間。至通暢茂盛，則塞意亡矣。塞，否絕不通。塞意，天地閉塞之意。天地生萬物，屯，物之始生，故繼乾坤之後。天地生萬物，卦之序。以二象言之，雲雷之興，震為雷，坎為雲。雲聚則有雷鳴。陰陽始交也。

以二體言之，下為震體，上為坎體。震始交於下，內卦二陰交於初。坎始交於中，

外卦二陰交於五。**陰陽相交，乃成雲雷，陰陽始交，雲雷相應而未成澤，**成澤則陰陽暢通無阻，屯難解也。**故為屯；若已成澤，則為解也。又動於險中，**自卦言，震在坎下，動而未出險也；自爻言，初動於群陰之下，五動於兩陰之中，皆為動於險中之象。**亦屯之義。陰陽不交則為否，**否以塞言，生意不暢也。**始交而未暢則為屯。**陰陽交而未暢達。**在時，則天下屯難，**立春之際，萬物難生之時。屯難，生難也。**未亨泰之時也。**亨，生意暢達；泰卦六爻皆應，故泰乃指陰陽無不交合。

### 【釋義】

乾坤正而天地交，天地交而萬物生，物始生也艱屯，繼之者屯也。

屯者，盈也，艱也，生意滿盈而始生難也。朱熹：「屯其為字，象草中穿地始出而未申也」。申者，伸也。未申者，生意未暢達。

屯有三義：生意鬱結，有盈滿之義；一陽生於初，有始生之義；初在群陰之下，五在群陰中，且動在險下，有險難之義。屯時，始生險難，然生意鬱結，勢不可阻。

陽在震之初，謙卑居下，銳健以行，以脫屯險。九五居坎中，下無賢良之輔，需綏安撫眾，封建諸侯，勿屯其膏，推中正之心，廣結民信，以度屯難。

初、五合起來看，初鼓蕩萬物以奮，五以剛明引領天下，不震則無以奮作，不明則無以濟難。一需練好內功，震奮在內；二需廣結人心，增信於民，本末內外兼修以濟屯難。

### 【補遺】

互卦坤艮，艮止坤順，順行而受阻於山，艮止其順，也有難生之義。

## 屯：元亨，利貞，勿用有攸往，利建侯。

### 【程傳】

**屯有大亨之道，**生意滿盈，亨盛其中。**而處之利在貞固，**處屯之道，所利在貞固：遇阻不摧，健行不屈。**非貞固何以濟屯？**濟屯必持之以恆。恆者，貞固也。**方屯之時，未可有所往也。**生意在下，時未可進，往必摧阻；必順時而進，待命而行。**天下之屯，**萬物皆處屯時。**豈獨力所能濟？必廣資輔助，**集廣大之資以輔助之。**故利建侯也。**建侯乃所以廣資也。

### 【釋義】

元以始言，亨以盛言；萬物始生，生意滿盈，元亨也。然屯時，元亨乃生意潛藏，未能順出亨通，欲濟屯難，利在貞其恆德，蓄力待時，廣建諸侯，方

可聚眾力而出。

屯時，戒勿獨往，獨往乃不順時、不由眾，故戒之勿用。建侯者，與天下共力也。

欲濟屯難，貞固為本，建侯為用。貞固，恒其德也，建侯，信於眾也，恒其德而後有眾。

不已其進，待時而出，屯時之貞固。分開說，有兩片：一為進德修業，積蓄力量；一為待時而動，勿遽急於輕用。

封土建侯，利益共享，廣納同志，利在推其公心，清廉自節，勿私屯其膏。武王封土建侯，分利於同仁，如此共濟屯難而至於元亨。

貞，已涵「建侯」：不獨貞固己德，亦貞固其聚眾之志。貞者，守正而固也，正己而後人正，人正而後而國治天下平。正己則心公，心公必分利於天下，則有建侯之舉。建侯，乃是舉一事以明勿屯膏，示天下以公義，濟屯要在分利於眾，不必定為建侯。

屯時，孤往則進難，唯正己、公天下之利、與同志並進，方為濟屯之道。

## 【補遺】

屯是下難，欲上行而不得，建侯乃篤信於眾而固其在下之根本。屯時，雖為生意盈滿於下，但尚未足以濟難而出，故要在下廣建諸侯，為其副手，篤厚其根本，畜聚眾力於下。若根本未固，獨行輕往，豈能濟屯乎？屯時利貞，不獨自修，也為廣交同志，其元氣培育在此，其道亨通也在此。

## 《彖》曰：屯，剛柔始交而難生，動乎險中。

### 【程傳】

以雲雷二象言之，則剛柔始交也。雲雷聚而未和洽成雨，故言始交。以坎震二體言之，動乎險中也。震在下，坎在上，動乎險中也。剛柔始交，未能通暢，陰陽和合，通暢也。則艱屯，其生艱也。故云難生。又動於險中，為艱屯之義。在險中欲出，難矣。

### 【釋義】

屯時，為剛柔始交之時，天地未解，萬物生意鬱結，故難達於上。物凡有所動，皆動在險中，未能出屯險也，當積蓄眾力，共濟時難，故戒勿孤往而妄動。

屯時，動以蓄力，動以待時，非不作為。「勿用」為戒辭，勿獨用其剛，勿為孤往犯難也。

**大亨，貞。雷雨之動滿盈。**

**【程傳】**

所謂大亨而貞者，<sub>剛能振奮萬物，柔又巽順於剛，成其大亨。</sub>雷雨之動滿盈也。<sub>雷雨遍澤於萬物，天地之間生意得以滿盈。</sub>陰陽始交則艱屯，<sub>艱屯，艱於生。陰陽始交未暢，故物生艱屯。</sub>未能通暢，及其和洽則成雷雨，<sub>洽，相潤澤也。</sub>滿盈於天地之間，生物乃遂。<sub>生物之功得以遂成也。</sub>屯有大亨之道也，所以能大亨，由夫貞也，<sub>由，順也；貞，正而能固也。</sub>非貞固安能出屯？人之處屯，有致大亨之道，亦在夫貞固也。<sub>艱困之時最難貞固，處屯之道在貞固也。</sub>

**【釋義】**

雷雨之動，滿盈於天地之間，萬物生機畜聚待發，大亨之象也。屯時之貞，艱時而畜其正，待時而動，正其志而勿暴其氣。故屯時之「貞」，有畜正而待之義，待時而出，若妄動而失其貞守，則不能亨。

亨，皆為陽主陰輔，陰陽交合為用。屯時，行由正出，能畜陽剛，節之而勿使剛暴，方有雷雨滿盈之狀。程子云：「非貞固安能出屯？」貞固，屯時所以畜德積力也。

屯時，雖需雷動健行、霹靂手段，尚需貞固二德：一為謙卑，二為廉潔。雷震處下，有謙卑之象。謙卑能下眾，與眾同心，而能與眾同振奮。草創之時，須謙卑下眾，方能和聚眾力，共度時艱。五處坎中，孤往不可脫險，唯有廉潔，與眾共利，示天下以公心，則可濟屯而亨。捨此二德，欲亨則不得其正，豈得亨乎？

屯之大亨，二陽為主，眾陰附從，方成大亨之勢。貞字，對二陽而言，陽需固其正；對眾陰而言，陰需緊從陽剛，勿它往也。

**天造草昧，宜建侯而不寧。**

**【程傳】**

上文言天地生物之義，此言時事天造，謂時運也。草，草亂無倫序；<sub>秩序未明，文章未顯，猶草之雜生而未能品物章然也。昧，冥昧不明。文明之德未光大也。</sub>當此時運，所宜建立輔助則可以濟屯。雖建侯自輔，又當憂勤兢畏，<sub>憂畏以心言，勤兢以力言，優於內而勤於外。</sub>不遑寧處，<sub>居之不怠，勤政也。不遑，無暇也。寧，安也，憂勤兢畏，何以為安也。</sub>聖人之深戒也。

**【釋義】**

朝代更替，天命轉移，非人力所為，乃天造時成。草，草創也；草創之時，

制度初建，禮樂粗具，一切秩序「草亂無倫序」。昧，尚未普施文明而德化天下，見龍在田而未能明德於天下。

處此時運，唯公天下者可與之，宜封土建侯與天下共利：興滅國、繼絕世、舉逸民，以聚合眾力濟屯，不可屯其膏。不寧者，勤於政事而不安處也，大禹治水、周公吐哺之時。主政者於此時，當夙興夜寐，兢兢業業，憂患惕懼，何遑居安而坐成乎？

天造草昧，上下不寧之際，帝王當順天下之動以建侯，無暇寧處，以順應天象。

或以為「不寧」當為「丕寧」，大寧也。宜當建侯以安寧天下百姓，義也通順。

【補遺】

「草」，有群生無序之義。鼎革之際，一切欣欣向榮，然亦雜亂無序。昧者，冥也，文明未顯，不能照得萬物賓然有序。

《象》曰：雲雷，屯，君子以經綸。

【程傳】

不云「雨」而云「雲」者，不言「雨雷」而說「雲雷」之因。雲為雨而未成者也。「雲」將欲為雨而未成雨，雨則屯解也。未能成雨，所以為屯。雲雷蓄積成雨澤之勢，萬物蓄積成出土之勢。君子觀屯之象，經綸天下之事，經綸，定秩序也。屯則物雜生而亂，經綸以理其亂，以濟於屯難。經緯、綸緝，皆為治絲，引申為治亂。謂營為也。

【釋義】

雲雷密集而未成雨，雲雷也，君子觀此象，以經綸天下，預為之備也。

雲聚雷鳴而雨尚未至，天變之象，鼎革之變顯現。變革之初，君子宜早豫備，穩定秩序——以經綸也。

經綸，治絲之事，理亂以正序。來知德：「草昧之時，天下正如亂絲，經以引之，綸以理之。」陳夢雷：「經者，理其緒而分之。綸者，比其類而合之。」分經線，合綸線，以成布匹。經綸皆指理亂正序。

初九，磐桓，利居貞，利建侯。

【程傳】

初以陽爻在下，乃剛明之才，當屯難之世，當，處也。居下位者也。君子處微之時、或不居上位。未能便往濟屯，處微而力不逮，不能聚眾力。故磐桓也。磐通盤。

志欲往進而力有不逮，盤桓也。**方屯之初，不盤桓而遽進**，方屯之時，當盤桓以周慮，不宜不慮而遽進。**則犯難矣**，難當順之，不可逆而犯之。**故宜居正而固其志**。初之正者，不宜畏難而沮，亦不妄動而宜廣結眾信。**凡人處屯難，則鮮能守正**。或畏難而沮，或犯險冒進。**苟無貞固之守，則將失義**，不能貞固其位而敬慎其事，則失剛明之德。**安能濟時之屯乎？**濟屯必由剛明。**居屯之世**，方屯於下，方艱處於下位。**所宜有助，乃居屯、濟屯之道也**。居屯，猶處屯。**故取建侯之義，謂求輔助也。**

## 【釋義】

剛居屯之初始，雲雷聚而未能成雨，乃陽氣未能暢達之時，故有盤桓不進之象。雷，剛且明者，象剛明之才。盤桓，不進之貌，志欲未達也。初九欲有作為，而力有不逮，故宜盤桓待時。

居，居位也，從容以養蓄其德，不宜冒進。初九所以盤桓者，乃力未能行其志欲，故當養畜其德，利居貞也。外建諸侯，取信天下。

九處於初，位居下位，不能驟然集聚眾力，有雲無雨，志成而勢未成，盤桓也。

居貞，守正固執而不失，敦厚其始。建侯，分利而集聚力量，推公心於天下。居貞乃所以建侯，建侯乃所以居貞，二事本為一事。居貞是陽之事，自震奮也；建侯是陰之事，震奮天下也，二者皆為陽之主導。

**《象》曰：雖磐桓，志行正也。**

## 【程傳】

賢人在下時，苟未利，未利於出屯也。**雖磐桓**，志欲進而力不逮也。未能遂往濟時之屯，然有濟屯之志與濟屯之用，志在行其正也。

## 【釋義】

君子以正處困，雖盤桓不進，然不遷其德，志行正也。

屯艱盤桓之時，篤正為要，志氣稍有鬆懈，則它適而不由正。屯時「志行正」，乃兼三達德：篤志於生，仁也；盤桓不遷，勇也；公天下以建侯，智也。

**以貴下賤，大得民也。**

## 【程傳】

九當屯難之時，「當」有兩義：處也，承當也；處屯之時，當承當屯之難。**以陽而來居陰下**，來居，來居於內也。程子以「陽來居陰下」解讀「以貴下賤」，按程子之意，內卦本為艮，艮三之陽下來居初而成震。**為以貴下賤之象**。三處下之上，又為陽爻，貴也。今處

下，下處於賤也。**方屯之時，陰柔不能自存，**柔不能獨濟。**有一剛陽之才，眾所歸從也。**眾，眾陰也。**更能自處卑下，**來居陰下。「來」字對應「自處」，「來下」自衷心也。**所以大得民也。**以誠下民，故大得民心。**或疑方屯於下，**艱處於下。**何有貴乎？夫以剛明之才而下於陰柔，以能濟屯之才而下於不能，**襲曾子「以能問於不能」之義。**乃以貴下賤也。況陽之於陰，自為貴乎？**陽為陰所尊奉，本來為貴，非自為貴也。

**【釋義】**

陽為貴，陰為賤，陽自處三陰之下，以貴下賤，一也；屯卦從萃卦來，陽剛本居四，四為尊貴，下來至初，以貴下賤，二也。剛自降尊貴，以剛明之才，卑謙處下，與民同心、同德，故能「大得民」。

貴以下賤為謙，屯難之時，聚合眾力為要，故以謙卑為重。唯行得謙道，方能體貼民情，順從民意，得民心而治道亨。大得民，建侯也，分天下以共治，必得天下人之心。

**六二，屯如邅如，乘馬班如，匪寇婚媾。女子貞不字，十年乃字。**

**【程傳】**

二以陰柔居屯之世，雖正應在上，二五正應。五在上，故言正應在上。而逼於初剛，六二陰柔，乘居剛上，逼於初剛也。故屯難。柔乘剛而屯也。

邅，回；不進也。如，辭也。乘馬，欲行也。馬地類，以順為德；二柔居中正，與五正應，柔以順剛，「乘馬」之象也。欲從正應而復班如，不能進也。班，分布之義。人與馬非同處，故人在馬旁，與馬並列為班。下馬為班，與馬異處也。同處則乘馬也。二當屯世，居屯時、承屯運而行屯事也。雖不能自濟，陰必依附於陽，況居屯時。而居中得正，居下卦之中，柔得正位。有應在上，不失義者也。二五相應，義也；二不親比初而志在應五，不失義也。然逼近於初，為初所逼近也。陰乃陽所求，柔者剛所陵。陵犯也。柔當屯時，固難自濟，固，本也。又為剛陽所逼，故為難也。難自濟又為剛所逼。設匪逼於寇難，設，若也；匪，非也、無也。則往求於婚媾矣。不曰男求女，而曰女求男，陰順陽也。婚媾，正應也。二五婚媾。寇，非理而至者。禮者，正行之矩也。非理，行不由正，猶非禮也。二守中正，不苟合於初，行不由義，利合為苟。所以「不字」。《說文》：「字，乳也。」《廣雅》：「字，生也。」虞翻：「字，妊娠也。」女子嫁人懷孕為字。苟貞固不易，不易，不改也。不改其嫁五之志欲。至於十年。十年孕子，篤厚之極，極言柔居屯之難。屯極必通，屯以難生而陰陽不暢為義，屯至於極則暢通矣。乃獲正應而字育矣。字育並舉，婚而孕也。以女子陰柔，苟能守其志節，久必獲通，志堅則申也。況君子守道不回乎？篤正不遷，不違於道也。回者，違也。

初為賢明剛正之人，而為寇以侵逼於人，何也？曰：此自據二以柔近剛而為義，在初處是一番意思，在二又別一番意思。更不計初之德如何也。《易》之取義如此。在二則言二之事，變易不居，方為易之義也。

【釋義】

如，辭也。邅音 zhān，回、轉也；邅如，難行不進之貌。「屯如邅如」，因屯而邅也。迴旋不進，故「乘馬班如」也。班如：《子夏易》云「相牽不進也」，人牽馬而不進，猶程子「下馬為班」，皆指人、馬異處。乘馬，上馬欲進；班如，下馬不進。「乘馬班如」：上馬復又下馬，進退兩難。

何事而「乘馬班如」？「匪寇婚媾」也。

乘馬欲往，是為「婚媾」。班如不進，乃因「寇」難。如無寇難，則當乘馬「婚媾」。六二與九五對應，為「婚媾」。初九比鄰六二，欲阻二、五之合，為「寇」難。二柔乘剛，五剛居坎，故二五之應有阻隔，即為坎阻，也為初剛之阻，六二受兩陽牽拉，有乘馬班如之象。

不能「婚媾」，六二當何如？女子貞不字也。未嫁為「女子」，嫁了為「婦女」。字，嫁人孕子也。貞，守正也。五為二之正應，貞則非五不往、非五不嫁。不字，不嫁初或未能嫁五。女子不字，乃反常道，因其貞正而不字，則為固守其正。初與二非正應，故不字。「十年乃字」，貞固後字，返歸常道，乃字於五也。二居下卦之中，能守正，又有九五正應，有順動之德，終不從於初而返正也。

陰不可倡先，處屯難之時更宜如此，六二順應九五而動，非倡先也。

屯時，諸爻皆欲結盟共濟時難，然一皆以貞正為義；初比近於二，欲強二為盟，然處之不正，故為寇至，自處不正則不能與人共濟。

《象》曰：六二之難，乘剛也。十年乃字，反常也。

【程傳】

六二居屯之時，而又乘剛，為剛陽所逼，是其患難也。離遭雙難，不期而至。至於十年，則難久必通矣，乃得反其常，反猶復，復歸其常道——二五婚媾也。與正應合也。自處中正而不失，又正應於五。十，數之終也。極言屯難。

【釋義】

六二居屯，本自有難，又乘剛，兩難同至，故至於十年乃得復反常道。

乘，凌也，為剛所凌也。陰處陽上，有乘剛之象。乘剛者，乃被剛所強乘，

若被綁架強載一般。處屯時，陰柔不能自濟，當順陽而濟。六二之乘剛，為剛所凌犯，有寇難之象。

六二柔居中位，故能不妄動而順正；與五正應，柔順剛也；貞靜而順由其道，故雖有十年之難，終能復返常道而成婚媾。

## 六三，即鹿無虞，惟入於林中。君子幾，不如舍，往吝。

### 【程傳】

六三以柔居剛，三為剛位而柔居之。柔既不能安屯，屯難，柔必期求依附，非能自安於屯。居剛而不中正，柔居剛，不正也；三位，非中也。則妄動。處易動之位，行不中正，自為妄動。雖貪於所求，既不足以自濟，柔處屯，非能自濟者。又無應援，將安之乎？之，往也。安之乎：不知所往。如即鹿而無虞人也。行非由人道，不知所往也。入山林者，必有虞人以導之者。無導之者，則惟陷入於林莽中。君子見事之幾微，不若舍而勿逐，舍，止也；勿逐，勿逐物於外也；無虞人而孤往，逐外也。往則徒取窮吝而已。窮者，人道窮困也；從鹿禽而不從人，吝羞也。

### 【釋義】

即，靠近。鹿，麓鹿，或為山麓。虞翻：「震為麓鹿。」又言：「山足稱鹿。鹿，林也。」《釋文》：「王肅作麓」。鹿、麓古通用，本處取麓鹿義，因《象》言「即鹿無虞，以從禽也」。鹿，像欲在外者，險難也；即鹿，為物慾所誘，離位而入於險難。

虞，虞人，為天子、諸侯掌管山澤之官，喻道之所在、人之所安者。君子狩獵必由虞人，猶今日蒞臨視下，需由地方負責人隨行指示，方不至迷於所臨。

三柔居震極，動不由己而由順於人，易於為外誘所動；且柔居剛，處不中正，非能安處自守者，故有即鹿無虞之象，言其為鹿所利誘，無虞人導引而妄動，從於禽獸，不由人道也。

陰從陽而動，乃動之順也，不從則妄。當屯時，陽剛之才也難獨行濟難，如初之盤桓、五之小貞，況陰柔之才質？屯之四陰皆「不足以自濟」，必依附於陽，順陽而後動，方可行无咎。

三、六皆陰，不能正應，無虞也；三往行即五，五非其應，亦為無虞之象。

六三妄動又無虞人引導，誘惑於外，入於屯難而越深，「惟入於林中」。惟者，固執一道也，只往林莽深處行去，不知返正，惟入也。林，非安處之地，三入其中，失其居所。

「君子幾」下三句，為告戒之辭。君子觀「即鹿無虞」之象，見幾而動，事蹟未曾顯著，即能見機取捨，無虞則止行。君子見險於幾微，捨而不進，則可无咎，若進而不已，往則有咎也。往者，往從鹿，逐於外也。

二待五而嫁，三獨往則吝窮，不由其道也。

【補遺】

互卦坤艮，三居震之上，又處順體，順動而進，非由自己，即鹿也。

《象》曰：即鹿無虞，以從禽也。君子舍之，往吝窮也。

【程傳】

**事不可而妄動**，入林莽而無虞人之引，事不可為也。妄動，不順正也。**以從欲也**；從欲則不從道，非動由中心之正，即鹿也。**無虞而即鹿，以貪禽也**。貪禽，不由正也。虞人，正也。**當屯之時，不可動而動**，屯時，雷震而物興，萬物之動皆从天，不從天而興，妄動也。**猶無虞而即鹿，以有從禽之心也**。從禽道則不由人道，人禽異途，不可從也。從禽之心，從物慾也。**君子則見幾而舍之不從**，幾者，事理之微，未顯跡也。舍鹿而不從禽道也。**若往則可吝而困窮也**。往，往從禽也。困窮：身困而道窮。

【釋義】

從禽不從人，從欲不由道，小人之所為，君子所不為也。君子動必由道，無虞則不進，捨從禽而復歸於人之道也。往者，逐禽而去，離位而妄動也。吝，羞恥；窮，君子之道窮；往則君子吝而道窮也。

**六四，乘馬班如。求婚媾，往吉，无不利。**

【程傳】

**六四以柔順居近君之位，得於上者也**，柔順則能承命，故得於上。**而其才不足以濟屯**，濟屯，大任也，柔不可承大任。**故欲進而復止**，欲輔弱五而進，又量其才而不敢獨任，故進而復止。**乘馬班如也**。己既不足以濟時之屯，若能求賢以自輔，往求於初也。**則可濟矣**。初陽剛之賢，乃是正應，己之婚媾也。**若求此陽剛之婚媾**，往與共輔陽剛中正之君，濟時之屯，則吉而無所不利也。居公卿之位，己之才雖不足以濟時之屯，**若能求在下之賢**，謙卑容下，不竊位也。**親而用之**，親初剛之賢。**何所不濟哉？**

【釋義】

二、四皆乘馬班如。二因初之阻而班如；四欲效力於九五，然陰柔之才不足濟，欲進而復止，班如也。求婚媾：下求於賢才。初四正應，有婚媾之象；

所以為「求」者，二三阻隔之，不求則雖應而不得成，唯以「求」乃見其誠在內也。

四居五之下，柔居正位，上能承順於剛中之君，下能謙順於剛明之才，薦賢而不蔽，不貪竊其位，與天下賢才同心同力，共助君上以濟屯難，心寬而志正，故往吉而无不利。

自爻位看，屯互卦為艮坤，四居坤之上，順之極也，故能承順於上而遷隨於下，故上下皆能信之，且居震之外、艮之中，是能艮止而不妄動也。止其所止，臣之分也。

陰求陽是正道，況處屯難，陰必須依附陽而後能成事，故爻辭稱讚其婚媾而往，則無不吉无不利。

《象》曰：求而往，明也。

**【程傳】**

**知己不足，**內明己分。**求賢自輔而後往，**後往者，從賢而往，順剛也。**可謂明矣。居得致之地，**致，致力於君上也。地者，所居位也。**己不能而遂已，**遂，就也；已，罷也，止也，謂不求賢。**至暗者也。**屯時，陰順陽為正，己不能又不順正，至暗也。

**【釋義】**

求而往，下求於賢，與之共往上行，以輔助九五之尊。六四內能知己之不足，外能識剛明賢才，居高位而能俯就在下之賢能，內外光明也。

初、四正應，四從初、陰順陽，居高位而能下從賢者，往而嚮明也，如劉備三顧之明，如四不能反己從初，順至其性，則「遂至暗者也」。四之明，乃柔居正也：上能柔順於明君，下能柔順於明臣，柔之居正也。

九五，屯其膏。小貞吉，大貞凶。

**【程傳】**

**五居尊得正，**五為尊位，剛處正位，居尊得正也。**而當屯時，若有剛明之賢為之輔，則能濟屯矣。以其無臣也，故屯其膏。**居尊得正當有施為，然下無剛明之輔，不能代人君而施其所令，屯其膏也。**人君之尊，雖屯難之世，於其名位，非有損也。**屯其德在內也。**膏者，不施為德，施之為澤。唯其施為有所不行，德澤有所不下，是屯其膏，**欲施膏而難為，非為聚膏為私，故程子云「於其名位非有損」。**人君之屯也。既膏澤有所不下，是威權不在己也。**權柄旁移，官員陟降不由己出。**威權去己，而欲驟正之，**權柄在己方能驟正之，改過從速也。**屯時，君處險難，權威下放，故不能從速除弊。求

凶之道，魯昭公、高貴鄉公之事是也。魯昭公為三家驅出。高貴鄉公為曹髦，因不滿司馬氏專權，甘露五年，親討司馬昭，為太子舍人成濟所弒。二人皆欲驟變現狀而遭兇殺，大貞凶也。**故小貞則吉也。**小貞，謂漸正之也。若盤庚、周宣修德用賢，二人皆為改革舊弊者，行小貞漸進之法。**復先王之政，諸侯復朝，蓋以道馴致，**順其道而漸至也。**為之不暴也。又非恬然不為，若唐之僖、昭也，**僖宗在位，政事由田令孜，以至有黃巢之禍。昭宗為僖宗之弟，在位時雖有所作為，但藩鎮割據，皇權架空，後為朱溫簒殺。**不為則常屯，**德不施則無德，常屯也。**以至於亡矣。**

【釋義】

膏者，在己為德，施之為仁。屯，聚集也。屯其膏，仁德在己而不能施，非為聚膏而為一己之私。

九五剛居中正，當施膏澤以應其德，然身陷坎中，政令有不出之虞；且下無剛明之賢，不能輔弼以施其政。爻辭戒之：「小貞吉，大貞凶。」小貞者，惠及近臣；大貞者，廣澤天下。小、大之別，也為漸、驟之界，大貞為驟改其政，小貞為漸進改良。

小貞吉，大貞凶，何以如此？

屯時，天造草昧，本是難生，宜守「漸」道，當由小漸大，漸施其光，漸正君臣上下，不可驟進而行大貞也。且大仁政有大制作，小仁政有小制作。凡有制作，必動人事，且有權力重組之舉。九五身處險中，驟然大制作，大變人事與權力結構，政壇震動，必遭反噬，故大貞不可施也。

九居尊位，有大公中正之象，何為屯其膏？

朱熹：「九五坎體，有膏潤而不得施，為屯其膏之象。」五處坎體之中，坎為水，有膏澤之象，又有險難，故膏澤不得出。且五雖有二應，然二陰柔不足以輔，故五之政令未能暢達，膏澤不能廣施，必有屯膏。復次，屯卦以建侯普施膏澤，無剛明下賢則不能擔其任，二本陰柔，難任其責，故九五膏澤不施，屯其膏也。

程子認為人君之屯，是威權不在己，當「小貞」漸進，循序而正君臣，則有可為，進而馴致其道，而後得大治也。若是常屯不施，必至於亡身滅國。

《象》曰：屯其膏，施未光也。

【程傳】

膏澤不下及，身處坎中，下無賢能。下，下及萬民。是以德施未能光大也，光大猶廣大。人君之屯也。

**【釋義】**

二五正應，澤施及近己者，未能光大而惠及萬民，故言「施未光也」。

五處險中，下無得力賢才輔助，故政令不能行遠，德澤不能廣被。《子夏易》：「五守中而獨應，無膏澤以及天下也。小以自守可也，將以大正，凶之道也。施豈光乎？」大正，驟變政局，觸犯實權者，取凶之道也。

**上六，乘馬班如，泣血漣如。**

**【程傳】**

六以陰柔居屯之終，上處屯卦最上，屯之終，生意絕也。在險之極，處坎上，險之極也。而無應援，無下應也。居則不安，處坎屯之極，乘九五之剛，不可居也。動無所之，動，離也，也指凡有作為。行無可去之所。乘馬欲往，復班如不進，窮厄之甚，至於泣血漣如，屯之極也。若陽剛而有助，則屯既極可濟矣。

**【釋義】**

爻言「乘馬班如」者有三：二為寇難，四因才弱，然二者皆有剛明之助；唯獨上六，陰柔處屯之極、坎之極，孤處無依，進退無據，身厄道窮，以至於「泣血漣如」。

泣血者，傷及根本；漣如者，持續不斷。泣血漣如，傷及根本，不可久長。

**《象》曰：泣血漣如，何可長也。**

**【程傳】**

屯難窮極，莫知所為，陰柔者必順陽剛而後有所歸，上以陰柔之質處坎屯之極，無所倚靠，莫知所為也。故至泣血。傷在內也。顛沛如此，顛沛者，動非由己也。上處坎險，身不由己，行不由內，凡有多動，皆為外難所逼，故言顛沛。其能長久乎？夫卦者，事也，如乾為健之事，坤為順之事，屯為難之事。爻者，事之時也。爻位以時言，六位之時也。一卦之事分處六時，如屯，初時屯是如何，二時屯是如何。分三而又兩之，三者，天地人三才也；兩者，陰陽兩儀也。或者，三為上下卦各三爻；兩為上下卦。足以包括眾理，三才兩儀足以包眾理。引而伸之，引其理而推之於事事物物。觸類而長之，觸類，舉一反三之謂；長之者，引申其理也。觸類長之，於同類之事中推衍其理，或推其理於同類之事，使之皆得其理，此理則益明，長之也。天下之能事畢矣。如此，則天下之事盡在六爻之中，事事物物皆得以明，故言畢也。事畢，事事皆能盡其理也。

**【釋義】**

陰柔處坎屯之極，無所依止，豈可長也？

## 【釋義】

屯時，陽剛孤力不能濟，陰柔不附陽則失據。天地滿盈，必須群策合力，方可濟屯。觀時變需大智，勿孤任一己之力，雷動坎險需大勇無畏，利建侯需大仁分利。無此三德，不可解屯難也。

## ䷃蒙卦第四　坎下艮上

### 【程文】

蒙，《序卦》：「屯者，盈也。生意滿盈。屯者，物之始生也。物生必蒙，物始生，茫然不知由正，物生必蒙也。故受之以蒙。蒙者，蒙也，蒙其天命之明也。物之穉也。」穉同稚。稚小，道未通達也，故蒙。屯者，物之始生，物始生穉小，稚小而明未光也。蒙昧未發，蒙昧者，蒙昧其明也。未發，未發其天命之明德。蒙所以次屯也。

為卦艮上坎下，艮為山為止，山仁水智，水流於山而止，智不過仁也。蒙之根本，止於正也。坎為水為險，蒙其正必遇險。山下有險，山仁水惡，仁與不仁相際，山下有險也。遇險而止，莫知所之，莫知所之而不妄行，蒙中自有明。不知則不行，蒙也。莫知所之而妄行，不知而行，非蒙也。蒙之象也。知其不可行而止，蒙之象也。程子以為，蒙乃智未開發而險。水必行之物，始出未有所之，故為蒙，及其進則為亨義。進者，發其蒙，開其誠明也。誠明破蒙而出，亨也。

### 【釋義】

屯為始生，物始生則文明未開，蒙也。蒙者，蒙蔽其本有之明也。

為卦艮上坎下，艮止坎險，遇險而自止，明而順也。明而順，內誠明，誠有其明；外順義，誠有其順，蒙而有正也；因其明順，開其「明」、篤其「順」，亨通也。

蒙有天賦之明，不知則不行，誠明也；蒙有天賦之順，不可行則順止，誠順也；只是未曾光大，蒙之可教、蒙之可亨，盡在於此。

**蒙，亨。匪我求童蒙，童蒙求我。初筮告，再三瀆，瀆則不告。利貞。**

### 【程文】

蒙有開發之理，不知而自來求教，來而學也，故有開智發蒙之理。亨之義也。來學，自求也，故亨。開發，教化行，人道亨也。卦才時中，二五皆在中位，順水而行，依山而止，故為時中，亨之道也。乃致亨之道。物亨以時，人行以時，亦亨也。六五為蒙之主，蒙者，處高而能卑順，蒙正也。而九二發蒙者也。啟蒙者。我，謂二也。二非蒙主，蒙之主爻，蒙之主也。五既順巽於二，順巽於道，受其教也。二乃發蒙者也，故主二而

言：以二之口氣言之。「匪我求童蒙，童蒙求我。」五居尊位，有柔順之德，柔居中，能謙順於下，雖處高不驕也。而方在童蒙，與二為正應，初四、二五、三上，爻為陰陽，則為正應。而中德又同，二五皆中，同德也。能用二之道以發其蒙也。二之道，剛中之德。二以剛中之德在下，為君所信向，向之而行也。當以道自守，待舉也。待君至誠求已，來學也。而後應之，後應之者，尊道也，非尊已也。尊道者，人順道，非道順人也。道在九二，故六五當來學就道。則能用其道，尊之而後能用，踐之則不能用也。匪我求於童蒙，乃童蒙來求於我也。尊道也，向道而學。筮，以蓍草占之，非龜卜也。占決也。占通鬼神以決其疑。初筮告，謂至誠一意以求已則告之。意義求已則篤信。再三則瀆慢矣，信之不篤，故有再三。故不告也。非我不欲告之，慢於神則神不告也。發蒙之道，啟發蒙愚。利以貞正，貞固其正，本正則道通，培育根本也。又二雖剛中，然居陰，居陰則有他適，易於柔附。故宜有戒。戒當篤厚其誠，不精微誠一則神不告也。

## 【釋義】

蒙而不蔽其正，行有所止，謙順向道，蒙亨也。

童蒙求我，亨之道也。

求我者，來學也。禮未聞往教，只聞來學。有朋自遠方來，來學也；近賢親仁，來學也；事賢友仁，來學也；童蒙求我，來學也。來學者，由道也。所謂亨者，由道而亨。亨者，非財貨增值，非官運亨通，乃君子之道通達也。學者，學君子之道；不學，君子之道不能光顯通達。

蒙時，陰爻為蒙者，五為蒙之主爻，為童蒙。陽爻為啟蒙者，二為「我」，為發蒙之主。二五皆居中，同具中德，且互為陰陽，同德有相應之義，陰陽有相合之義，故五雖處尊位，能謙卑下求於二，求我開其蒙也。

初，首次；筮，筮占。初筮告者：初筮之時，占問者精誠專一，與鬼神相通，神靈知其精誠，故顯其跡而告之凶吉。古人認為，神靈乃是精魂所聚，有不測之智，能預知凶吉。

再三，再三筮占也。瀆，不敬神也。「再三瀆，瀆則不告」：若再三筮占，則占者不信神靈，神靈知其信而不專篤，褻瀆不敬，則不降而告之矣。

貞，貞固其蒙正也。蒙正之義有二：童蒙來學，一也；筮占不再，二也。敬守此二貞，則利。

九二陽居柔，柔則依附，易屈從於求者，故戒之再三則瀆；瀆於神，則志不專、蒙不正，亦為瀆蒙。

《彖》曰：蒙，山下有險，險而止，蒙。蒙亨，以亨行時中也。匪我求童蒙，童蒙求我，志應也。

**【程傳】**

山下有險，內險不可處，險在內不可安居久處。外止莫能進，止在外不可進而脫險。未知所為，故為昏蒙之義。不知所擇，蒙昏也。「蒙亨，以亨行時中也」，程子解亨道為時中，「時中」行「時中」，疊床架屋，不可解。亨道者，蒙自有正，如知險而止，知不足而求學，順其正，行亨道也。蒙之能亨，以亨道行也。所謂亨道，時中也。時處其中，時由其道也。時謂得君之應，二五正應，時中也。臣為君用，則能行其道。中謂處得其中，自得其中德。得中則時也。得中德，俟時而舉，得中則不偏其時。匪我求童蒙，童蒙求我，只聞來學，未聞往教。志應也。二五中德，志應也。二以剛明之賢處於下，二雖為啟蒙者，然自爻觀之，剛處卑而為柔所裏夾，明德被淹，也為蒙之象。五以童蒙居上，承上之求。非是二求於五，蓋五之志應於二也。剛居中則不遷，處柔則寬受，如此以待學者就我。賢者在下，豈可自進以求於君？居下者待天爵，不可自進求人爵。自進求命者，不安於分。不安分，豈能為人君所用？苟自求之，臣子行道以受俸祿。祿者命也，命自君也，臣子不可自求。必無能信用之理。自求則離位越分。古之人所以必待人君致敬盡禮而後往者，君動臣從，陽先陰后，常道也。君致敬盡禮，君動之先也；後往，臣順命於後也。非欲自為尊大，蓋其尊德樂道，道德自天，君亦尊之。君所以致敬盡禮於臣，尊道德在臣之身。尊德樂道，所以安安也。不如是，不足與有為也。不尊天敬德，不足以率範於天下，天下百姓豈能翕然而從之乎？人不信從，不足與有為也。

**【釋義】**

彖傳與程傳有別。《彖》曰「險而止」，水行遇山而止，含知險而止，故為蒙亨。遇險而不知止，自無良知良能，如何順正而致亨？

「蒙」非一切無知，否則，「四端說」、「良知說」在《周易》架構上立不起來。彖云「險而止」含著「蒙正」可教之義，與卦辭「蒙亨」一致。「險而止」引出「蒙亨」，「蒙亨」接續「險而止」，知險而止，方有「蒙亨」，前後一貫。「蒙」之為「正」，便是他「蒙而求學」，「蒙」中自有正智，故能不知而求，順其正而教導之，自成大亨之道。

程傳則以為險不可處，止不可進，故昏不知所往而蒙。若截去「蒙亨」，程子解讀「蒙」，則確然無可疑，然如何轉為「蒙亨」？則成上下兩截之說，非一貫之道。若本無良知，如何教化而馴致為「亨」？似是落入荀子「化性起偽」一途。

「以亨行時中」，即，以亨行時中之道。蒙而由其正，蒙自能時止時行，由其天然，自中而出，馴致其道，便是「以亨行時中」之義。發蒙之爻與主蒙之爻皆在上下之中，兼之山止水行義，彖便引出「亨行其時中」義。

「匪我求童蒙，童蒙求我，志應也。」從蒙正一路下來，蒙不正則無良知良能，無良知良能則不知求問。故蒙正，必有求我之舉，「我」為啟蒙者，一為來學，一為願教，則「志應」而合。二進德修業，不曾往教於六五，六五因蒙之正而知二之德，故來而就學於我。

主蒙者以陰居上卦之中，以廣納眾賢為貞；啟蒙者以陽居下卦之中，以啟發君智為貞；兩者各居其位，各行其「時中」。二者能「時中」，則有學問之事發生，君臣交流，上下融洽，而有亨通之象，「亨」因之而「行」也。

二五一君一臣，來學開蒙，道合而成，蒙之亨也。

**初筮告，以剛中也。再三瀆，瀆則不告，瀆蒙也。**

【程傳】

**初筮**，謂誠一而來，篤實的問，篤實的信，誠一而來也，缺一則非誠一。**求決其蒙**，決，猶決堤之決，決其阻隔，決其疑慮，則道通而亨盛。**則當以剛中之道**，能教範於人者，乃己之德也。九二之德剛中也，故教之以剛中之道。程子以此解「以剛中」，忽略「筮占」之義。**告而開發之。**開發其四端之性，發其蒙正。**再三，煩數也。**心不專一，煩也。**來筮之意，煩數，不能誠一，則瀆慢矣，**瀆慢有三：瀆己蒙正，瀆慢神祇，瀆慢師道。三者溯求根源，瀆蒙也。**不當告也。**亦不可告也，神不告於我，我豈能告於人？**告之必不能信受，**信而受之。再三在中心不篤信，故告之必不能信受。**徒為煩瀆，**數則不信，煩瀆也。**故曰瀆。**求者、告者皆煩瀆矣。程子釋瀆，未及於瀆神。

【釋義】

初筮占時，我以剛中之德敬致鬼神，神應我之德而告之。若童蒙不我信，再三求占，我從之而筮，則瀆慢神靈，瀆神則神不告。瀆神於外，宜當反求己之過。己過者，瀆毀童蒙之正也，童蒙失精一誠敬之心，則失蒙之正德。筮占於神，不以正德，則神不降不告也。

告者，神告之我，我轉告童蒙。「以剛中」，非指我告童蒙以剛中之德，乃是我以剛中之德降神決疑。程子「以剛中之道告而開發之」，有誤。「初筮告，以剛中也」：初次筮占，神所以降而告知，以我剛中之德而感之。

童蒙求我初筮，乃精誠專一。若再三求筮占，則精誠敬畏之心渙散，我若

應之再三筮占，亦助而縱之，不獨瀆慢於神，亦褻瀆師道，故神不降不告，瀆則不告也。夫子云「舉一隅不以三隅反，則不復也」，也是「煩瀆」不告之義。

煩數所以不告者，當反求諸己，本根在「瀆蒙」。「瀆蒙」者，瀆毀蒙正也。夫子不言瀆神，而言瀆蒙，乃告之「反己改過」乃為學之正途，不獨蒙學。

所謂蒙正者，謙而來學，敬而受教，精誠敬畏，篤信不疑也。

蒙而不學，是「困而不學，民斯為下也。」豈能蒙亨？敬而受教，篤信不疑，煩數則不篤信。

蒙之本在「問學」，不知而自能「問學」，有天賦之明，明己所不知，明不知當問也；「問學」而後能篤信，若不反己而疑，為煩數之問，無根之問，也非蒙正。

蒙與愚大不同。孟子說：「舜之居深山之中，與木石居，與鹿豕遊，其所以異於深山之野人者幾希，及其聞一善言，見一善行，若決江河，沛然莫之能禦也。」舜聞一善言、見一善行，沛然而出，是舜之蒙正。愚則不學、不問，人告之亦不反己有悟。

**蒙以養正，聖功也。**

## 【程傳】

卦辭曰「利貞」，《彖》復伸其義，伸其義者：養正以至聖功。以明不止為戒於二，程子指「求者、告者皆煩瀆矣」，瀆二也。**實養蒙之道也。**培育蒙正之道，非養其蒙愚也。**未發之謂蒙，**四端之未發也。**以純一未發之蒙而養其正，**順其四端之正而養之。**乃作聖之功也。**作猶成也。**發而後禁，**發而不正而後禁之。**則扞格而難勝。**扞格於正，惡習所感染，難勝也。**養正於蒙，**於蒙而未發之時培育其正。**學之至善也。**順正而養之，善學者。**蒙之六爻，二陽為治蒙者，**治，啟發其善端，順其正而養之。**四陰皆處蒙者也。**處，在其中也。

## 【釋義】

蒙而順養其正，馴順其道，乃成就聖賢。蒙之所以亨者，養正而成聖功也。

蒙，為人之初生、未受教之前；蒙以養正，童稚之始便涵養其蒙正精神，馴順其道，使其廣大。蒙正之精神，乃好學篤信也，本涵至善的端倪。「好學」，好善而學；篤信，篤信善道；馴順其好學，馴順其篤信，培之育之，長之成之，則能光大，則能修至於聖人。

好學篤信為入聖的工夫與方法，故云「蒙以養正，聖功也。」

程子以「純一未發」為蒙正的精神，以《中庸》「未發」為據，允執其中則養其蒙正。若不能在未發處養其蒙正，出離正道而後正之，「則扞格而難勝」惡習。蒙卦六個爻，陽爻為啟蒙者，即「治蒙者」；陰爻是蒙者，「四陰皆處蒙者也」。

《象》曰：山下出泉，蒙。君子以果行育德。

**【程傳】**

山下出泉，觀象傳之義，「山下出泉」非指出而遇險，乃是泉自正出。山為仁為正，泉為水為智，智自仁出，為蒙。蒙卦立義蒙正。**出而遇險**，險，阻也。**未有所之**，之，去也。所，方所。**蒙之象也。**若人蒙穉，稚則蒙也。**未知所適也。**所適，往之方所也。**君子觀蒙之象，以果行育德**，觀程子之意，蒙乃蒙然無所歸，無正覺，無仁智之端也，又如何馴順其道而果行育德？**觀其出而未能通行**，道不通行也。**則以果決其所行；**蒙無正覺智端，如何果決其所行？皆是程子疏忽處。**觀其始出而未有所向，則以養育其明德也。**此不免於外襲之道。養德如栽培樹木一樣，有其根本，順勢而培育。程子一直以「遇險無所適」為「蒙」之象，蒙正一義未加留意。

**【釋義】**

彖不盡言，象傳欲盡其辭，夫子又興起，翻出新意，故此不宜以「山下有險，險而止」來解讀「山下出泉」，疊床架屋，無此必要。

山仁水智，山下出泉，乃智自仁出，蒙正之源也。養蒙，即養此源頭之正而不使走失，「智」一皆自「仁」中來，「仁」約束「智」、馴服「智」，方是培育蒙正的工夫。子云：「擇不處仁，焉得知？」便是智自仁出。

君子觀「山下出泉」之象，篤行仁道而育其德。果行，篤行也，心無旁騖地踐行仁道。行，以智行仁事，方是育德。否則，行無仁道之「正」，如何育德？

需有一個仁的根，智識所行，皆從中出來，方能育其正德。如孟子四端，先要四端不迷失，才能順由四端，「率性」而出，如此「果行」方能「育德」。若「蒙」本無「正」根，如何從中「果行育德」？人之初，本具有「純一未發」之正根，從此中發育流行，一切皆正。

**【補遺】**

山下出泉，智自正出也。君子觀此正出，則果斷其行而培育其德。上下文一氣下來，因果一貫。果行，果敢其正行，不需思慮，但行而已。「果」若不

正，「行」如何之？

山下自出泉，原來本事，蒙自出正，只是率性；本事率性，自家性分中出，必有不疑之果行。

## 初六，發蒙，利用刑人，用說桎梏，以往吝。

### 【程傳】

初以陰暗居下，陰暗，非君子也；居下，無位也。柔弱居下則為下民。下民之蒙也。柔居初，下民之象。爻言發之之道，發下民之蒙，其道在利用刑人。發下民之蒙，當明刑禁以示之，外立以剛，禁其非也。使之知畏，畏外則反內。然後從而教導之。內教以柔也。自古聖王為治，設刑罰以齊其眾，齊，整飭也，不使越界。明教化以善其俗，明，倡明也。教化，教育而變化之。善，敦化也。刑罰立而後教化行，刑罰立，知止也；教化行，知恥也。然刑罰立非所以能教人向善而化。雖聖人尚德而不尚刑，未嘗偏廢也。德治而刑輔之，德知恥，刑知止。故為政之始，立法居先。禁其外，使之反內。治蒙之初，民之蒙，放於利而行，順之不節則悖於道，悖於道，蒙也。威之以刑者，所以說去其昏蒙之桎梏。說通脫，免也。桎梏謂拘束也。不去其昏蒙之桎梏，則善教無由而入。先節利心，導之以義，而後善道可由而入。既以刑禁率之，導民以刑禁為先。之，民也。雖使心未能喻，喻於善道。亦當畏威以從，從正，從善道也。不敢肆其昏蒙之欲，肆，放而不管，縱而不束。然後漸能知善道而革其非心，漸，漸變，因循之道，天地之道以漸革、以因循。革，變革。非心，任其利欲之心。則可以移風易俗矣。移其舊風、改其舊俗，移易二字皆言自上改易而引導之。苟專用刑以為治，則蒙雖畏而終不能發，蒙，下民；發，開其蒙。苟免而無恥，苟免於桎梏。治化不可得而成矣，化者，變化其俗以從上也。成，風俗化淳，治道成也。故以往則可吝。刑人以往則可吝也。

### 【釋義】

柔暗居下，有下民之象。下民不能自立於內，故自外立刑以發其蒙，阻其惑亂，不使犯刑。刑人者，強立矩於外，以免於桎梏。若任其「刑人」，以代德化，馴致以往，教化不行，則可羞吝。

「往」者，馴致其道，任之、順之、縱之也。任「刑」不節，有刑懲而無教化，則治道不備，俗難化淳，如秦專任刑法，荼毒百姓，故戒之：順之以往則吝也。

利用，利以用之。刑人，立刑禁人作非。用說，用脫也。用說桎梏，用刑人以脫桎梏。

《象》曰：利用刑人，以正法也。

**【程傳】**

治蒙之始，立其防限，刑人也。明其罪罰，正其法也。使之由之，漸至於化也。使之，使百姓；由之，順由正道；漸至於化，漸浸澤於正而同化於正也。然刑人不可以漸至於化。或疑發蒙之初，遽用刑人，無乃不教而誅乎？不知立法制刑，乃所以教也。立法禁惡於外，正法而已，非所以導善於內。蓋後之論刑者，不復知教化在其中矣。教化乃誘導善端於內，擴充之發揚之，皆非刑可為之。

**【釋義】**

法之正者，約束以禁，強之不敢為惡，若以往而專任於法，則不能正法。故利用刑人，發蒙之始當所為，不可一味任之。

「正法」只關「刑人」，法以禁惡而非能導人於善，亦非能教化於人。夫子申言「正法」，正為此意。程子以為立法制刑乃所以教，與夫子「道之以政，齊之以刑，民免而無恥」有別。

**九二，包蒙吉，納婦吉，子克家。**

**【程傳】**

包，含容也。包，混而納之，不擇也，故有含容義。二居蒙之世，有剛明之才，剛則自立，明則順時，治蒙者。而與六五之君相應，中德又同，當時之任者也。剛明居中，能任事也；卑處於下，能順上也，故為賢臣；在蒙時則能勝治蒙之任。必廣其含容，廣者，自廣大其包容。民為眾生，故治蒙必含容。哀矜昏愚，哀矜，惻隱之心。則能發天下之蒙，無惻隱之心，則不能與蒙同心同德，不能發蒙也。發蒙，治蒙也。成治蒙之功，含容而惻隱，治蒙之道。其道廣，剛明居中，道廣也。其施博，剛居柔中，所容乃大，施博也。如是則吉也。吉言順也。唯道廣而不與蒙對，不強使民就我，則事順而吉。卦唯二陽爻，上九剛而過，剛過則不可治蒙。剛過則強使人就我，無包容寬大之象。唯九二有剛中之德而應於五，剛居中，剛中也。二五陰陽故應。用於時而獨明者也。應於五，用於時也。上九過剛則不明，故言九二獨明。苟恃其明，恃其一己之明，而不用眾之明，則不明也。專於自任，自任，偏小也；任物，博大也。則其德不弘，弘，廣大也。故雖婦人之柔闇，闇通暗。尚當納其所善，則其明廣矣。兼善則明廣。又以諸爻皆陰，故云婦。堯舜之聖，天下所莫及也，尚曰清問下民，清問，虛心而問。清除己見，純而不雜，故清有虛義。取人為善也。能廣取眾人之長，則為善治蒙也。二能包納，則克濟其君之事，克，能也；濟，助也。猶子能治其家也。五既陰柔，故發蒙之功皆在於二。

以家言之，五，父也；二，子也；尊上而卑下也。二能主蒙之功，乃人子克治其家也。

【釋義】

九二剛居柔中，居蒙時，涵渾而不任苛察，包容眾陰，有「包蒙」象。包蒙者，含容廣大，不與物對，與蒙和以共處，默然而行率於先，不以聲色化之，則眾心從而悅順，感而化之，漸革其蒙。

蒙時，剛居下處柔，來納群陰，有納婦象。二剛明任事，與五正應，且居陰位，具順遜之德，有下承上之象，乃子承父任而克治其家。克，克治也；克家，治家。

《象》曰：子克家，剛柔接也。

【程傳】

子而克治其家者，父之信任專也。二五相應，信專也。二能主蒙之功者，治蒙之功。五之信任專也。二與五剛柔之情相接，故得行其剛中之道，成發蒙之功。苟非上下之情相接，則二雖剛中，安能尸其事乎？尸，主也。

【釋義】

子所以能克治其家，乃是上下剛柔相接：二能為五所專任，一剛一柔，剛能承事，柔能順剛，剛中之道行，子克家也。接，相通、接續也；二五中道相通，陰陽之情相接，故二能接續五之任。

六三，勿用取女。見金夫，不有躬，无攸利。

【程傳】

三以陰柔處蒙暗，坎為暗，三陰柔不中不正，不依附於正，故言處蒙暗——蒙時處暗也。不中不正，柔居剛，不正；不居二五，不中。女之妄動者也。行不由道為妄。正應在上，應在上九。不能遠從，隔四、五，遠也。近見九二為群蒙所歸，見者，言利近而逐於外。為群蒙所歸：言其從俗也。得時之盛，指九二。故捨其正應而從之，捨義而從利也。是女之見金夫也。女之從人，當由正禮，乃見人之多金，說而從之，說悅通。從金，不從正禮。不能保有其身者也，婦德之喪，不有躬也。無所往而利矣。放於利而行，無所往而利也。不利者，不利有躬也。有躬，則利在正也。

【釋義】

六三柔不居正，陰不安位，躁動逾分，不可為人妻，勿用取女也。

蒙時，九二剛居中，為眾陰所附，金夫也。三比而親附之，處坎之上，不中不正，妄動而急欲出坎，在己失位、在上失應，故不有其躬而見金夫也。有躬者，有德在己者，謂守分安位。

六三「不有躬」，所行皆失其義，無義則利無所附，故言「无攸利」，譏其得利而失義也。

《象》曰：勿用取女，行不順也。

**【程傳】**

女之如此，其行邪僻不順，「邪僻」皆言不正。分而言之：不正為邪；不由大道為僻。不順，不順正也。不正為邪；不可取也。取，娶也。

**【釋義】**

行，六三之行。順，順正也。六三不行婦德，其行不順正，故不可娶。

或者，勿用取女，取是女，則行不順。行，上九之行。義也可。

六四，困蒙，吝。

**【程傳】**

四以陰柔而蒙暗，四之為蒙暗，以其陰柔也。無剛明之親援，近無剛明可比，三五皆陰，不可親比也；遠無剛明之應，初為陰，不可遠應也。親，親比也；援，應援也。無由自發其蒙，無由者，無從順由正道也。陰柔不能自發其蒙，必待剛明者發之。困於昏蒙者也，無比應於剛明，困也。其可吝甚矣。己之不足者甚也。吝，不足也，己德不足以發蒙。謂可少也。可者，適宜也；少者，寡也。可少，適宜者寡，不適宜也。

**【釋義】**

蒙時，陰必有陽接引方可發蒙。四遠無應，近無親比，柔暗而自居於陰，安於柔暗而獨遠於二陽，不思近陽又安於蒙困，為困蒙之象。四習安於蒙困，不作不為，羞吝也。

《象》曰：困蒙之吝，獨遠實也。

**【程傳】**

蒙之時，陽剛為發蒙者，九二與上九也。四陰柔而最遠於剛，不及初、三之近二，也不及五之近上與正應於二。乃愚蒙之人，而不比近賢者，無由得明矣，無由比賢之道而得以發蒙。故困於蒙。可羞吝者，自困而不為，羞吝也。以其獨遠於賢明之人也，不能親賢以致困，致，招致也。可吝之甚也。實，謂陽剛也。初九與上九。

## 【釋義】

遠，非距離之遠，心自遠也。夫子云：「未之思也，夫何遠之有？」思仁則仁在己，思賢則賢在邇，不思復而遠之，自困於蒙，故可吝也。困蒙之吝，皆由自遠於仁，困之由己，不由人也。

「實」為陽爻，喻賢人、君子，能發蒙者。四遠離九二、上九，不若初、三、五之比近，又不思近賢，困而不為，故稱獨遠實也。獨者，寡德也，不思親賢、近仁，自遠於賢良而為獨。獨遠，自處遠也。

六四陰處柔位，靜之又靜，「久靜不動則沉」（《易之義》），沉溺則不復反於正也，非若初、三、五柔居剛位而善動，故四非能向善近賢，自處陷溺，困蒙不振，獨遠實也。六四質弱而無所依，又自安於蒙，不比賢而發其遷善之志，無奮作之心，不為、不學、不遷，安於自畫，民斯為下，故言困蒙，自困於蒙也。

## 六五，童蒙，吉。

### 【程傳】

五以柔順居君位，德居尊位，以柔順於賢能為用。下應於二，柔順剛也。以柔中之德，柔能順剛，中能不偏而公。任剛明之才，九二也，剛居柔中，不偏而能寬以順。足以治天下之蒙，善任則能成順治。故吉也。童取未發而資於人也，四端未發而能知資於賢能者，不失其蒙正也。為人君者，苟能至誠任賢，以成其功，何異乎出於已也？君臣一心，上下一功也。

### 【釋義】

童蒙者，虛己向學也；吉在虛己，吉在向學。「童」非取愚蒙無知，乃取蒙而能向學，故能因其正而培育之。若蒙無正德，強立向學，乃荀子之學。

六五虛己居中，謙躬而不失其正，不足而下學，不知而下問，不廢天之良知良能，正應於二而信任之，篤厚其蒙正，童蒙而吉也。

王弼：「以夫陰質居於尊位，不自任察而委於二，付物以能，不勞聰明，功斯克矣，故曰童蒙吉。」五居尊而不自尊高，任物而不自任，謙而順下，故能廣接天下英才，為我所用，垂拱而天下治，事無不順而吉。

## 《象》曰：童蒙之吉，順以巽也。

### 【程傳】

捨已從人，六五虛己，捨己也；尊高而下應，從人也。順從也。降志下求，降尊高

之志下求於二。**卑巽也。**自卑於賢能之下而能順巽之。**能如是，優於天下矣。**居尊高而能卑巽於下之賢能者，優於天下也。能憂則能表率天下，率天下以順巽於賢能也。

【釋義】

順，順賢、順正也。童蒙之順，順九二之剛。巽，謙遜。六五陰柔，虛而能謙者。以謙遜之心以順由正道，其順乃誠，順以巽也。

童蒙之吉，能率性從道，光大其天性之向善，降志下求，謙卑從賢，付物以能，向道好學，皆由順巽之道也。

**上九，擊蒙。不利為寇，利禦寇。**

【程傳】

九居蒙之終，是當蒙極之時，當，處也。人之愚蒙既極，極則不反。如苗民之不率，不率由正也。為寇為亂者，當擊伐之。然九居上，剛極而不中，剛居上，剛極也；不居五，不中也。故戒不利為寇。剛極而不中，治蒙而成寇，寇自內生也。治人之蒙，乃禦寇也。寇者，蒙之漸浸也。此處「蒙」乃蒙昧之義，非蒙正。禦寇者，抵禦蒙之漸浸成習。肆為剛暴，肆，任之不束。剛暴，剛過則成暴。乃為寇也。若舜之征有苗，周公之誅三監，班固為武庚、管、蔡為三監，鄭玄以管、蔡、霍為三監。禦寇也。秦皇、漢武窮兵誅伐，為寇也。蒙頑行於內，寇自我來。

【釋義】

「擊」為上之所為，「蒙」為三之蒙，見金夫之蒙也。擊蒙者，擊而去其蒙，上擊三之蒙而去之。六三，蒙之深者；上九，亢而過剛者；三遇上，必有擊蒙之象；故擊蒙者，不擊不得去其蒙。

擊蒙乃用剛，上九不中不正，居高不下，故用剛也；用剛，擊蒙也。

上九與六三為正應。三為九二金夫吸引而不順遜於上九，上九擊六三之寇而為之去蒙。擊之過當，非去彼之蒙，乃為擊殺之。過當而擊，寇盜也，上九反成了六三之寇，故言「不利為寇」，戒勿過當而擊。擊之恰當，乃為六三禦其外寇，為六三去其見金夫之蒙，利禦寇也。

上九處艮上，有艮止之象，利禦寇也。然九居上，剛極而不中，不如九二處中而包容。

治蒙以包，不尚以擊。「遠人不服，修文德以來之」，包蒙乃為治蒙之常道，懷德導民以去其蒙。言辭教訓以治蒙，聲色之化民，已為下者；若擊寇治蒙，又下之下者，不得已而為之。

《象》曰：利用禦寇，上下順也。

**【程傳】**

利用禦寇，上下皆得其順也。上率以正，下不敢不順也。上不為過暴，下得擊去其蒙，禦寇之義也。行剛而不肆於暴，以擊去其蒙，禦寇也。

**【釋義】**

上為下禦寇，適當敲打，為之禦寇，使處下者畏威懷德，比親而順遜於我，上下順也。

**【小結】**

「正」受蔽而蒙，蔽去則「正」復歸，蒙而亨也。九二剛處卑且居柔中，有包蒙之象，懷德去蒙，使蒙者復得其正；上九剛居至上，有擊蒙之象，不擊不得去，蒙去則正存。時遷事異，治蒙之道當與時推移，而有所變易。

## ䷄需卦第五　乾下坎上

**【程傳】**

需，《序卦》：「蒙者蒙也，物之穉也。穉，稚。物穉不可不養也，故受之以需。需者，飲食之道也。」夫物之幼穉，必待養而成，養物之所需者，飲食也，故曰：「需者，飲食之道也。」雲上於天，有蒸潤之象，雲氣上行而至於天，取蒸潤之象。飲食所以潤益於物，故需為飲食之道，所以次蒙也。卦之大意，須待之義，《序卦》取所須之大者耳。乾健之性，必進者也，乃處坎險之下，險為之阻，乾居坎下：乾其性進，不已其健；然其勢阻，俟時而行。故須待而後進也。待臣之賢能者並進於上而後能濟。

**【釋義】**

稚小為蒙，必待飲食而養成；需者，飲食之道也。需，水在天上，濕氣下浸，潤澤於萬物；潤澤者，萬物之飲食也。又需，祈雨也；祈雨有待養萬物之義，故需兼有待、養二義；且卦象乃健行於險下，須待時而後動，亦為待義。

卦象乾下坎上，乾在內，象萬物生生不息，健進不已；坎在外，象險難阻隔，故需俟時而進。

**【補遺】**

剛居尊位，處坎中，受困阻，政令不得及時下達，下三陽似群賢，不敢自進，當待命而行，故有需待之義。

需：有孚，光亨，貞吉，利涉大川。

**【程傳】**

需者，須待也。以二體言之，下體健，上體險，健則行，欲險而待。**乾之剛健上進而遇險，未能進也，故為需待之義。以卦才言之，五居君位，**君困於險中，需賢臣輔助，也還有需待之義。**為需之主，**待下三陽進援也。**有剛健中正之德，**九五之德。**而誠信充實於中。**需卦主爻為五，陽處中正之位，陽為實，又處中，故說「誠信充實於中」。**中實有孚也，**剛居中，中實之象。**有孚則光明而能亨通、得貞正而吉也。「光」**有廣大之義，惟光明其德而後能致廣大。**以此而需，**蓄此亨通、貞正之德，誠實於中而待。**何所不濟？雖險無難矣，**需有險無難，有難則豈能亨乎？**故利涉大川也。凡貞吉，有既正且吉者，**生而知之者。**有得正則吉者，**學而知之者，蓄德弘道也。**當辨也。**程子常有此辨。

**【釋義】**

需，待也，待時而進。陽處尊位，剛健中正，處坎之中，蓄德而待，於險中貞固其德，必吉而順。

德畜聚則有孚信，有孚信則能聚眾，民信從而為我所用，其德必廣大，其行必亨通，有孚光亨也。遇險而貞固其剛中之德，則能弘毅果行；能弘毅果行，更能堅篤民眾之信，則能率眾而共度時艱，利涉大川也。《子夏易》云：「剛居於尊，安於險之道也。」剛中，能弘毅公平；居尊，則可聚廣大之力；為己弘毅，待眾公平，故能聚廣大之力，安處於險之道。

涉大川，喻指涉險濟難。《周易》卦、爻辭多以「涉大川」為過險難，大概與周人祖上多次涉川避難之歷程有關，如公劉涉渭、古公亶父過漆、沮，皆為避戎狄。

「需」之涉險要等待，德蓄了，人聚了，方可涉險。德蓄了，自有人聚。且陽處尊位，資源廣大，其聚眾之力又非他爻位可比，故「亨」字前增一個「光」字，極言「亨」之廣大，光顯其德必有廣大之功，唯人君方有此光大之「亨」也。

**【補遺】**

互卦兌離。兌有悅眾之象，以剛中之德悅眾，則必有孚信。離有光，亨非己亨，亨天下為光亨。九五處離之上，推其明德於天下，德亨於己而明照於眾，光大其亨也。

光亨是明明德之事，有三賢在下助他，必能明明德於天下，其道必亨大。

《彖》曰：需，須也，險在前也；剛健而不陷，其義不困窮矣。

**【程傳】**

需之義，須也。以險在於前，未可遽進，故需待而行也。以乾之剛健而能需待不輕動，**故不陷於險，**剛健之德不陷於坎難，能光大亨通，以「剛」立也。柔則依附，有依附則易於陷溺。**其義不至於困窮也。**剛立之義。「不困窮」著力一「健」字，「剛」則獨立而「健」，處險而不息其健，不至於「困窮」。健行不息，也自有「剛」德在，無「剛」則一邊逐物去了，自是陷於困窮。**剛健之人其動必躁，**躁者，不順時、不安位也。**乃能需待而動，**順時也。**處之至善者也。**故夫子贊之云：「其義不困窮矣」。

**【釋義】**

需、須，皆為等待義，健行遇險，不得不待。剛健不屈，處困不濫，其德不陷也。陷字，也涵不為外物所牽，剛立則不陷，若是牽了，則陷於其中而失剛健之德，窮斯濫矣。義者，九五之道義；不困窮者，不因困陷於險而道義窮盡。

君子之「需」乃蓄德、待時：德蓄則人聚，人聚則可濟難。人聚了，志意紛雜，就需首領者篤厚其德，貞固不改，恒常其行；如此，方能於險難時，安定民心，則眾志成城而不至於離散。五有剛健之德，剛則不欲，處險而不欲則德不遷；健則不息，處險而不息則能濟困。

程子云「剛健之人其動必躁，乃能需待而動」，意思也可，只是與夫子「剛健而不陷」義稍有差異。九五剛居中位，本自有不躁之義，因他能安處於中正而不偏，故能不偏於剛猛而冒進。孔子有孔子之易，程子有程子之易，不必盡同。

**【補遺】**

乾本天德，天以時言，又是最明之體，故乾能待時而進，潛龍、見龍、飛龍，皆是能與時止息。如是孤陽，非是乾體，則易於躁進，如程子所謂的「剛健之人其動必躁」。此理也隨時而易，非一定如此。

《彖》之義不獨講九五，也講下三陽。需待之義，下三陽遇險需待，待命而行；九五也需待賢臣，輔助於他，需待是雙向的。從卦象看，似是坎在三陽之前，三陽遇險，「險在前」似是坐實了三陽之事。然君臣一體，五也在險中，當下即險，「險在前」也針對九五。剛健而不陷，主指九五，也指下三陽。

需：有孚，光亨，貞吉，位乎天位以正中也。

**【程傳】**

五以剛實居中，陽為剛為實。為孚之象，剛立有則，實則誠信，皆有孚之象。而得其所需，居天位也。亦為有孚之義；以乾剛而至誠，而，兼也。乾剛而兼有至誠。故其德光明而能亨通、得貞正而吉也。剛居中正，其德光明。「得貞正而吉」，告戒語，言若能貞固其剛中之德，則所行無不吉也。所以能然者，以居天位而得正中也。天位，五也。居天位，指五以正中兼二言，五處中正，九二亦處中正，兼二言也。故云正中。正，適處其位，居之不怠。名實不符，或怠惰不勤，皆為居處不正。正、中相較，「正」乃處位，「中」乃不偏。

**【釋義】**

「有孚，光亨，貞吉」，皆源於「位乎天位以正中」。陽處一、三、五為正位，二、五為中，五為尊位、天位，故言九五乃「位乎天位以正中」。位乎天位，言覆育廣大，如天之仁；剛則誠實在己而無私欲；中則公而不偏、周而不比；正則居位不失、盡職不怠，如百工居肆，此皆為有孚之象。有孚於下僚百姓，必是其德廣大而使人信服，有惠愛之德，故其政令自是暢達無阻，事亨物成而貞吉。需之有孚者，行天之道而光亨也。

利涉大川，往有功也。

**【程傳】**

既有孚而貞正，剛居中，自有孚象。貞固其正。九五之正，剛中也。雖涉險阻，往則有功也。三陽在下又是健體，不可不往，不可不進；上為九五剛中，下乃群陽並進，群剛合力，往則必有功。需道之至善也，涉險成其功，至善也。以乾剛而能需，蓄德而待。何所不利？乾剛，賢明之才；需，俟時而進；剛明之才能順乎大道，故言「何所不利」。

**【釋義】**

涉大川，往也。涉大川則有功，往有功也；九五統帥群剛，往涉大川，成就其功。

需之內卦為乾，三陽聚集，君子群聚之象，眾志成城，健行不息，必有所「往」。三陽「往」歸於何處？「往」歸而從九五，九五率眾往涉大川，皆為「往」。往有功，「功」有兩義：往從九五則有功，功在九五，不在下三陽，臣道任勞不敢有功之謂；九五不率眾涉川，也無功也。

過大險、成大事需醞釀，等待德聚、人聚，則可「往」而過川，大事就解決了，大困難度過了，「往有功也」。五在坎水之中，水有蓄德之象，畜聚眾流，故功聚在九五。然無乾之三陽健行，合力鼎助，九五也不得獨成其功，故象曰「君子以飲食宴樂」，君臣和洽，上令下行，則有功。

**【補遺】**

利涉大川，是君臣共濟，非三賢臣獨濟，如此遺留了九五之君，棄君而行，何來「涉」字。「往」字，似是三賢往歸於五。然為臣不令而行，非能往也，故要待君令而往，故「往」字含「令來而往」之義，不獨講三陽，也講九五。「有功」，乃君臣合力之獲，臣子行事，功歸於君，不得擅有。

《象》曰：雲上於天，需，君子以飲食宴樂。

**【程傳】**

雲氣蒸而上陞於天，陰應於陽而升，下應於上而進。**必待陰陽和洽**，交而和洽，和洽則道通事順。**然後成雨**。雨者，於陰陽則交合而和，於事則為順，於成敗則為吉。**雲上，上於天未成雨也**，成雨者，和洽也，和洽則眾志成城。需者，待眾志成城也。**故為須待之義**。陰陽之氣交感而未成雨澤，猶君子畜其才德而未施於用也。信於眾，施於用也。**君子觀雲上於天，需而為雨之象**，為雨，將為雨也。**懷其道德**，懷者，自養也。**安以待時**，安處其素，待時之可行。**飲食以養其氣體**，氣舒而體安，養其氣體也。**宴樂以和其心志**，和者，和處不與眾懟也。君子之心廣而志堅。**所謂居易以俟命也**。易，安素也；君子居安素之位，處舒泰之所，和其心志，乃所以為居易也。飲食宴樂，乃和處於眾，不懟於眾，常為居易之道。

**【釋義】**

雲上於天，未成雨澤也；君子德澤未施，未能信而聚眾，有待而需也。君子觀此象，修德進業以蓄德，飲食宴樂以和眾，俟德聚而眾和，君臣上下一志，則可涉川而濟也。

飲食宴樂，不獨養其安泰之性，樂順天命，也為與眾和樂，凝固眾志也。需時，不合聚眾力，則不能涉川，德不聚又不能聚眾力，德為本也。

**【補遺】**

「雲在天上」，也有蔽天之義：天之健德受其遮蔽，不能直行其健，而有需待。下文即為「君子以飲食宴樂」，雲蔽天，險在前，考驗一個團隊的整合性，此時領導者，當下力團聚內部，和同上下，齊同志欲，故有「飲食宴樂」。

下三陽為君子群進，故不需剔除小人，不需整黨整風，只要和處則可。

「飲食宴樂」，也為臨險而心泰然。

## 初九：需於郊，利用恒，无咎。

### 【程傳】

需者以遇險，故需而後進，初最遠於險，故為需於郊。郊，《爾雅》：「邑外謂之郊。」曠遠之地也。古人居邑內自守，邑外為荒遠之地。初爻遠離外卦坎，故言「曠遠」。**處於曠遠，利在安守其常**，利用恒也，行所素為，不妄作。**則无咎也**；常德不忒，失常則无咎。**不能安常，則躁動犯難**，躁動，不安常位、不由素行。犯難，冒險而進。**豈能需於遠而無過也**？躁則過位，過位則行己有忒，有過也。

### 【釋義】

初九需於郊，爻象也，君子不在位，最遠於險。「利用恒」，為應對之法；用恒者，乃行其素常。言君子處郊遠之所，當行其素習之常，安分待時，不妄作而自深於險，則无咎。

古時郊野，游民、禽獸並行，政府力所不逮，非君子安所。君子既需待於彼，當安處素常，不為窮促而改易其道，亦不自涉於險，行己無忒，則无咎。

初九本為陽處正位，但需時君子處郊，則有不正之險，又剛居健體而重剛，易躁而輕進，易躁則失其常，輕進則易犯險，故戒之「利用恒」，謂當平易其心，安其素常而已。

王弼云：「居需之時，最遠於難，能抑其進以遠險待時，雖不應幾，可以保常也。」抑，抑制、收斂。「抑其進」，克制其躁，「利用恒」，行其常也。需時，初陽要順從九五而後動，不待而進為躁妄，故需「抑其進」。初之「進」者，不待命而自進也。

### 【補遺】

有健則有需，慎行其健，為需。需非是不行，待時而行，故健在慎上。臣子常德在待命，故戒之「利用恒」，勿失常行。

## 《象》曰：需於郊，不犯難行也。利用恒，无咎，未失常也。

### 【程傳】

處曠遠者，不犯冒險難而行也。戒勿孤往。**陽之為物，剛健上進者也**，初能需待於曠遠之地，不犯險難而進，**復宜安處不失其常**，安處，居位不失也。不失常，

不變其道也。**則可以无咎矣。**守己則无咎，非謂難不作。无咎只在己德上言。**雖不進，而志動者不能安其常也。**剛志本動，故言「志動者」。**君子之需時也，**處需之時。**安靜自守，**安靜其動志，自守其常道。「安」乃安其本位，「靜」乃息其雜慮，「自」乃向內勿外馳，「守」為不動其心。**志雖有須而恬然，**恬然，樂同需待也。樂天而順受，恬然而待也。需待最易急躁，故諄告恬然而待。**若將終身焉，**似守其需待之志若終生如此。**乃能用常也。**用常，行於常中，不失其常也。

### 【釋義】

難，去聲，險難之難，非困難之難。

素行其常，不自作、不犯難而進，戒需待、勿妄動，守常用恒，則義合其利，於己則無過咎也。

初九健體，又處陽位，易動躁進，未動之先而志意已動，故難安其常。此時，最宜安處靜守，恬淡無為，順守而待，謹始慎終，乃能抑制其動進之心。初九處卑為臣，臣本應待命而行，需時，不待而行，失其常也。

## 九二：需於沙，小有言，終吉。

### 【程傳】

**坎為水，水近則有沙。**沙者，入而不陷。**二去險漸近，**去，距。**故為需於沙。**待於沙地之象。**漸近於險難，雖未至於患害，已小有言矣。**小有怨責。**凡患難之辭，大小有殊，小者至於有言，言語之傷至小者也。**二以剛陽之才而居柔守中，陽處陰位而不過剛，居下卦之中而能中道以處。**寬裕自處，需之善也。**自處於寬裕之道，推之亦寬裕待人，為善處需也。**雖去險漸近而未至於險，故小有言語之傷，而無大害，終得其吉也。**終其事皆吉。吉，順也。

### 【釋義】

沙為近水之地，去水漸近，離險也漸近，需於沙之象。

二、三、四爻為兌卦，兌為口，有「言」說之象；九二陽剛履柔、處中，寬能自處，故雖小有怨責，不至扞格剛懟，不自生大害，而為「小有言」。言，怨責也。

### 【補遺】

初時，只言利用恒。至於二時，離險愈近，團隊內則有小議論。「言」乃文其說，有議論但皆能和處不爭。剛在柔地又處中，柔處不抗，不爭不過之象。

《象》曰：需於沙，衍在中也。雖小有言，以吉終也。

**【程傳】**

衍，寬綽也。二雖近險，而以寬裕居中，寬裕居中，中德不勉強，自然而然，性之也。故雖小有言語及之，終得其吉，善處者也。

**【釋義】**

衍，從水從行，水順道暢行為衍。河水由道而行必至於海，故《說文》云：「衍，水朝宗于海也。」水朝宗于海，乃向道而行。《西京賦》：「廣衍沃野。」故「衍」有「順」義、有「暢通」義，也有「博大」之義。水行地上，順時而處，順勢而行，有牝馬坤健之義，能待而順行。孔穎達云：「履健居中，以待要會」。孫詒讓：「一月之計少，舉凡其要而已，故謂之要；一歲之計多，則總聚考校，故謂之會也。」要會者，算計而後行，言慎重須待也。

「衍在中」，寬裕在中，中心實有此「衍」寬之德，有其內美，非由外爍。君子安處於沙，中心自有寬綽，如夫子困於陳蔡間，絃歌不輟，自是素常操守，非是做出來的，故說「衍在中也」。九二健體，陽居陰位，處下卦之中，有健行而順受安處之義，也有寬綽博大的坤地之象，如沙之平衍。

**【補遺】**

剛在柔中，有「衍」象，若非有剛德，水流過岸，皆放失、窮斯濫了，何來有「衍」象。

九三：需於泥，致寇至。

**【程傳】**

泥逼於水也，既進逼於險，當致寇難之至也。三剛而不中，又居健體之上，有進動之象，故致寇也。動進不已，又處坎難之下，致寇至也。苟非敬慎，則致喪敗矣。苟，若，戒之也。

**【釋義】**

需於泥，爻象；致寇至，非言寇必至，為告戒之辭。九三處內卦之上，逼臨於坎險，故有此象。

沙而至泥，更逼近險處。九三重剛，又居健體之上，剛健猛進者，不中過正，故剛亢冒行，以剛逼難而進，不能柔接，將自致寇難。

泥，逼近難，尚未至難；然泥乃易陷之物，故寇至必有喪敗。如繼之以剛進，必招致寇難，故戒之：需於泥，若剛亢猛進，馴至其道而不思反，必「致

寇至」。

《象》曰：需於泥，災在外也。自我致寇，敬慎不敗也。

【程傳】

三切逼上體之險難，逼，言九三剛進不已，自至於坎地。卦有上下體，需下體為健，上體為坎。故云災在外也。上體也為外卦。災，患難之通稱，對眚而言則分也。眚者，目疾在己也。故程子言「對眚而言則分也」，分，別也；眚在己，有別於災在外。三之致寇，招致寇至，由已進而迫之，由，因由也。己進不已，又自逼迫於險。故云「自我」。咎在己，眚也。寇自己致，寇由我招致而來。若能敬慎，敬險而慎行。量宜而進，量，權衡也。宜，適宜，可也。則無喪敗也。則已無喪敗之舉。喪己則敗行，外由內作。需之時，須而後進也，待時可而後進。其義在相時而動，非戒其不得進也，直使敬慎，直，僅，只也。敬慎其動。毋失其宜耳。宜者，言「須而後進，相時而動」之義。

【釋義】

坎在外卦，三在內卦之上，切近於坎而未至於水，故說「災在外」。災自外來，也謂災由自作，若敬慎順進，則可免於災。然九三健體重剛，乃剛之過甚者，有不待躁進、不順冒行之志，故當靜慮自反，慎事戒躁，不至「自我致寇」，則不敗也。

「謹慎不敗」，非說不可動。三本是動體，不動則違其性，違其性則不可為訓誡，故當「量宜而進」。君子處需時，當「須而後進」。需之義就是「相時而動」，相天時、地利、人和等諸要素，而後量宜而進。

郊、沙、泥諸地，非僅指地況，也謂天時——處「郊」、處「沙」、處「泥」之時。卦有六爻，也為六時，故處何地，即處何時，時勢本不可析然為二。

六四：需於血，出自穴。

【程傳】

四以陰柔之質處於險，而下當三陽之進，當，擋、阻也。傷於險難者也，四之險在於三陽逼近，阻三陽而遇險。故云需於血。陰傷於陽而有血。既傷於險難，則不能安處，安處其常位、安行其素為。必失其居，居，安安之所，在爻為位。故云出自穴。穴，位也。四不得而出穴，亦為自避險難。穴，常處之地。物之所安也。順以從時，不競於險難，不與險難競勝負，順而避之。所以不至於凶也。有血而不至於傷及根本，不至於凶也。以柔居陰，非能競者也，柔順之才，不能獨立，非能競也。若陽居之，則

必凶矣。剛戇不相讓，則凶。蓋無中正之德，徒以剛競於險，與險相抗。競，抗也。適足以致凶耳。一陽不敵三陽，致凶也。

**【釋義】**

血，兇險之地；需於血，待於兇險之地。出自穴，自處之道也。

王弼：「凡稱血者，陰陽相傷者也。」按，坤之上六：「龍戰於野，其血玄黃」。四處坎始，逼於三陽，欲阻三陽上進之道，為眾陽所傷而有「血」。

王弼：「穴者，陰之路也，處坎之始，居穴者也。」程子說：「穴，物之所安也」。穴，為四之所安處之地。四處血境，為三陽所逼，不能安處，「出自穴」，以避剛進。

四乃柔居正，本當以不動為義，然與初為應，自有順初而動；又下逼於三陽，安處不得，出自穴以暫避三陽之鋒芒；復次，四能以柔接於險難，不以剛戇、不與險難競，有此三者，故有「出自穴」之舉。

初為郊，二為沙，三為泥，皆為郊野之地，故四之需不言「室」而言「穴」，是為野處暫息之所，隨時可出入，非是常安之所。

**《象》曰：需於血，順以聽也。**

**【程傳】**

四以陰柔居於險難之中，不能固處，固處其位，言不能固居其穴所。故退出自穴。蓋陰柔不能與時競，不能與時難競勝負，個人不能對抗時代之蹇難。不能處則退，不能安處其位則暫退之。是順從以聽於時，退以順其時。所以不至於凶也。不與難競則不至於凶也。

**【釋義】**

順以聽，六四需於血之道，當順陽、順時、順命也；聽者，聽命也。陰順陽而動為順動，順動在陰柔為靜；靜者，非為不動，乃不自主妄動，待聽而後動。四本陰柔，不能自脫於血境；逼於三陽，也非能安居，當順聽以動。

**【補遺】**

四柔居離體之中，居兌之上。離體則能明察而擇處，居兌則能和悅而不抗，順於聽也，故四能逃離血凶之地而不陷溺。

**九五：需於酒食，貞吉。**

**【程傳】**

五以陽剛居中得正，位乎天位，克盡其道矣。克，能也；道，剛中需待之道也。

以此而需,「此」者,剛中而處尊。何需不獲?故宴安酒食以俟之,酒食,一為心態寬裕,一為上下和處。所須必得也。所待者必可獲得。既得貞正,而所需必遂,所需之事必獲遂。可謂吉矣。

**【釋義】**

需於酒食,處險不驚,五之爻象如此。五以至尊而處此需待之時,貞固其寬綽之態,表率群賢,示天下以安靜,和處於群下,則事順而吉。

坎為酒,兌為口,二三四為兌,五處兌之上,有待於酒食,需於酒食也。

九五剛居中正,處尊位,能克盡陽剛之道而又能寬以待下,故能待三陽而並進。九五能聚眾賢如此,拔茅茹也,遇坎險,不改其常,酒食宴樂,君臣和處,共待患難,舜之南面也。

需於飲食,君臣上下相通;且寬居以靜,靜能生慧,以慧臨險,安有不出險之理。如此,即可守正而吉。

九五之貞吉,非造作安排,本是樂天順守,處險而安素若泰,吉自性中來,本自光亨,如童蒙之正,自有吉象。

《象》曰:酒食,貞吉,以中正也。

**【程傳】**

需於酒食而貞且吉者,以五得中正而盡其道也。

**【釋義】**

酒食宴樂,君臣上下相通之道。酒食以待,也言五能處險不驚,從容以示群下以寬裕,表率群倫。九五剛中居尊,性中自有中正之德,故能盡其道而無一絲勉強。

上六:入於穴,有不速之客三人來,敬之,終吉。

**【程傳】**

需以險在前,坎在三陽之前。需時而後進,需待時之可進則進,不可則需。上六居險之終,險終矣。終則變矣。變險為夷,變不安為安,入於穴也。在需之極,在,處也。久而得矣。得所需也。陰止於六,此處「六」為柔地,或為「上」之誤。止,安也。乃安其處,故為入於穴;穴,所安也。安而既止,後者必至。先行者止進,則後行者必至也。不速之客三人,不速之客,非臣屬也。謂下之三陽,乾之三陽非在下之物,修德敬業不已,則非久居在下之物。需時而進者也。需時,涉險為成物。需既極矣,故皆上進。不速,不促之而自來也。上六既需得其安處,上六需待,終得其安所。群

剛之來，苟不起忌疾忿競之心，忌剛、疾剛、忿於剛、競於剛。**至誠盡敬以待之，雖甚剛暴，**非一剛來，乃三剛群來，故言甚剛暴。**豈有侵陵之理？**謙卑以禮，無侵凌也也。**故終吉也。**或疑以陰居三陽之上，得為安乎？曰：三陽乾體，志在上進，六陰位，非所止之正，故無爭奪之意，敬之則吉也。

### 【釋義】

四出自穴，逼於三陽，不能安居；上入於穴，和處於三陽，能安居。上六處需卦之終，處險之極，終極則變其道，需之成也，故有安處入穴之象。從卦象看，四出穴而歸於五，歸於五則需成，故上有入穴象。

上六處極居穴，為需之止所，則有待後進者，待三陽上進而容受之。客，內三陽也；於上而言「客」，三陽非上六之臣屬也。三陽應九五之命而進，不待上六之邀而自來，不速之客也。

柔不能禦剛，陰不能勝陽，況一陰待三陽？故當敬順之，溫良恭儉讓以待之，不可與之爭懟。

## 《象》曰：不速之客來，敬之終吉；雖不當位，未大失也。

### 【程傳】

不當位，陽居一三五、陰居二四六為當位。陰居上本為當位，然需時柔居上則不能以正率眾，不當其位、不稱其職也。或以為「位」為衍文，不速之客，不邀而至，非禮而敬之為「不當」。謂以陰而在上也。在上而不能擔負。爻以六居陰，為所安象，復盡其義，明陰宜在下而居上，為不當位也。不能居位率眾，不當其位。然能敬慎以自處，則陽不能陵，陵犯也。終得其吉。事順為吉。雖不當位，而未至於大失也。雖不能率眾，然安處其穴而無大失。

### 【釋義】

上六柔處需極，入穴自守，非能以正率眾出險者，故言不當位。上六能謙順群陽，雖不當位，然賓守其分，不阻群陽之進，也未大失也。

### 【小結】

需卦，初至五爻皆需進，上陰柔為需成。可注意者：為四陽之需進，九五貞固中正之德，有孚光亨，需待三陽往歸於己，需聚眾賢方可涉險，一陽不可孤往也。九五有德而「需」，三陽有志而「往」；無「需」，則無「往」矣；無德而需，亦無往矣。

## ䷅訟卦第六　坎下乾上

### 【程傳】

訟，《序卦》：「飲食必有訟，飲食主和，和而不節則訟。故受之以訟。」受，猶承也。人之所需者，飲食。既有所須，須通需，需要。爭訟所由起也。飲食乃逐利，若需在逐利，不以義節之，必起爭訟。訟，所以次需也。為卦乾上坎下，以二象言之：**天陽上行，水性就下，其行相違**，違，背也，不同行，不相交。**所以成訟也**。志欲相違，必起訟端。以二體言之：上剛下險，乾剛坎險。**剛險相接**，遇險而不履柔順之道，行剛而欲競於險。**能無訟乎？又人內險阻而外剛強**，內險阻，己不誠也；外剛強，無遜讓也。**所以訟也**。

### 【釋義】

爭訴於人而求公，為訟。

鄭玄：「訟，猶爭也，言飲食之會恒多爭也。」飲食主樂，樂主放，放而不束則禮失，禮讓之風不起，則爭訟興。人常於酣醉之後，本性畢露，若素行不儉，則遜讓之風失。如漢高祖宴飲群臣，「群臣飲酒爭功，醉或妄呼，拔劍擊柱。」上下禮儀皆失，豈能不爭？故訟次於需。

干寶：「訟，不親也。」為卦，天上行、水就下，天水不相接，兩情不相通，行則相違，不親而成訟。以二體言，上剛下險，以剛涉險，處險不讓，則成訟。以修為看，內陰險而外剛強，內陰險則好算計而無寬愛，外剛強則喜爭勝而不遜讓，必也成訟。

## 訟：有孚窒，惕中吉，終凶。

### 【程傳】

訟之道必有其孚實，有孚實而不能伸，成訟也。中無其實，乃是誣妄，凶之道也。卦之中實，二五皆剛爻，實也。訟之實主要在九二。**為有孚之象**。訟者，與人爭辯而待決於人，二與人爭訟而待決於五。**雖有孚，亦須窒塞未通。不窒則已明，無訟矣**。不窒則情得伸，無訟也。**事既未辯**，未終其訟也。**吉凶未可必也**，吉言訟事勝，凶言訟事敗。也可解讀為：無論訟事勝負，利於己為吉，不利於己為凶。**故有畏惕中吉，得中則吉也**。中與終對應，有「中止」之義。九二處下卦之中，故中有中道之義。訟爭則偏執，處中道則止其偏執，中止其訟也，故「中道」、「中止」兩義可以貫通。終凶，訟而不止，終其訟事，終凶。**終極其事**，終其訟事、極其訟事也。終，終其訟事而不以和解；極，推極其訟事，催波助瀾，仇到極處。程子於卦辭「終凶」，又推極其理，增一「極」事。**則凶也**。凶者，

傷及本也。

**【釋義】**

有孚窒,爻象。惕中吉,終凶,告戒之辭。

有孚,有孚信;二剛處中,剛則實在,中則不偏,中心之情有孚信,故欲伸之。窒,阻塞不暢。訟事必因交爭,中心之情不能伸,冤窒也。訟事,必有孚而窒塞,而後成訟。

有孚在己,中實則有孚,故欲爭訟而勝人;有窒因人,爭訟必有窒,故欲息止而寧事。

也可斷句為:「有孚,窒惕,中吉,終凶。」窒惕,情窒不達則憂懼反己,故言中止則吉,若終其訟事則雖勝必凶,況若不勝乎?訟不可善終。

惕,畏惕,因爭訟而畏惕反己。反己則思中止之,故言中吉。中,中道、中止也。訟時,處中道則不訟,故中道有中止之義。終凶,終其訟事,而不止息,無論輸贏,皆凶。天地之道,和則生物,訟爭不已,傷和則凶。夫子云:「聽訟,吾猶人也。必也使無訟乎!」

九二為訟之主爻,興訟之主;一陽陷於兩陰之間,有窒塞象。二、五雖皆為處中,但不能正應,二之道不能申達於五,也有窒塞象。處坎險而窒塞,又不能正應,憂懼加深,有惕象。然而,九二處中,若窒塞畏惕而反己,中止其訟,則有吉。

上九不中不正,過剛則必以訟終,仇斯不能解,「終凶」矣。

利見大人,不利涉大川。

**【程傳】**

訟者,求辯其曲直也,訟乃求人事,非反己,故凡訟必至於凶,不由反己之道也。故利見於大人。期以公心決之。大人則能以其剛明中正,剛則不屈,明則察照,中則不偏,正則以道。決所訟也。斷決。訟非和平之事,當擇安地而處,中止則安。不可陷於危險,故不利涉大川也。

**【釋義】**

聽訟、決訟乃是大人之事,唯大人有剛明中正之德,而能以公心斷訟。九五,決訟者,為大人。二就五以決訟,故利見大人,以決其訟。

訟,險事也,當見機而息事寧人,「擇安地而處」;若不能終其事,以剛履險,必陷於險難之中,則不利涉大川。又,訟事必依於他人,不可自涉大川,

「不利涉大川」也。

《彖》曰：訟，上剛下險，險而健，訟。

**【程傳】**

訟之為卦，上剛下險，剛履險則亢而爭，競於險也，有訟之象。**險而又健也。**又為險健相接，履險當慎以柔，健則亢而爭也。**內險外健，**內險則思以傷人，外健則不止爭。皆所以為訟也。若健而不險，好爭但不居心險惡，能服於事理公義，不自作生訟。且訟為險事，不險非訟也。**不生訟也；險而不健，**不健則止息，息止不爭，不能成訟。**不能訟也；**居心險惡，但不敢健而爭訟，不能訟也。**險而又健，是以訟也。**居心險惡，睚眥皆爭競，務勝他人而後快，是以成訟。

**【釋義】**

險而健，處險而健行不止，以剛履險，不止息其爭，故成訟。訟時，爭起當思以息止，息事寧人，以柔履險，畏惕慎行，不可恃其中實、不息爭而成訟。

**【補遺】**

履順可健，履險不可健，當思危惕懼。處訟之時，不能惕懼反己，如行履薄冰，如臨處深淵，險而健也。

訟有孚窒，惕中吉，剛來而得中也。

**【程傳】**

訟之道，固如是，訟之道固孚窒，中則吉。又據卦才而言，九二以剛自外來而成訟，自外，自三位。來，來居於二。剛來居二，則成坎，健而履險，成訟也。則二乃訟之主也。剛陷險中，屈而不得伸，為訟之主。**以剛處中，中實之象，**剛為實，處下卦之中，中實之象。**故為有孚。**中心誠實則信孚於人。**處訟之時，雖有孚信，亦必艱阻窒塞而有惕懼，不窒則不成訟矣。**孚信受窒，不能自伸，則訟也。又居險陷之中，亦為窒塞惕懼之義。志欲窒塞，當惕懼而畏。二以陽剛自外來而得中，剛自三爻來居二，剛中也。**為以剛來訟而不過之義，**以剛來訟，以正道來訟也。不過者，處中則不過也。**是以吉也。**義正而不過訟，是以吉。以剛中之德處之，訟可緩，也可息，訟在理處，故言吉。**卦有更取成卦之由為義者，**訟成卦之由：孚窒也。剛來居兩陰之中，孚信陷於其中，孚窒也。**此是也。卦義不取成卦之由，**卦義：有孚窒，惕中吉，終凶。**則更不言所變之爻也。**不言剛來居中也。

**據卦辭，二乃善也，**惕中吉，卦辭之善也。**而爻中不見其善。**九二爻辭：「不克訟，歸而逋」，未見善也。蓋卦辭取其有孚得中而言，乃善也；爻則以自下訟上為

義，訟五，下犯上也。**所取不同也。**所謂變易者，必察諸己身。自文王觀，二乃善，自周公觀，二不見其善，文王有文王之易，周公有周公之易，各有其易。

**【釋義】**

訟由遯「變卦」而成：虞翻曰：「遯三之二也。」遯三陽下行至二為訟。遯內卦為艮，艮之陽爻自三位下行至二，艮變而為坎，剛來而得中也。爻位下行為「來」，上行為「往」、「進」。此為夫子初次以變卦釋訟之成因。

九二爻辭「不克訟，歸而逋」，「不克訟」，窒也；「歸而逋」，必有惕也。

**終凶，訟不可成也。**

**【程傳】**

訟非善事，不得已也，安可終極其事？極意於其事，以訟為志欲也。**則凶矣。故曰：「不可成也。」**成，終其訟也。**謂窮盡其事也。**即程子所謂「終極其事」。

**【釋義】**

訟成，始終訴訟，不求和解，終必凶。終，作動詞解，終其事、終其訟也，不中途止訟，堅持訴訟，直到官司結束。成，終其訟為成，訟到底、不中止，方為「成」。此指上九「或錫之鞶帶，終朝三褫之。」即使成訟獲勝，也為「終朝三褫之」，榮耀全失。

**利見大人，尚中正也。**

**【程傳】**

訟者，求辯其是非也，辯當為辨之誤，求他人辨是非，非自辯是非。辯之當乃中正也。**故利見大人，以所尚者，**以大人所尚者。**中正也。聽者非其人，則或不得其中正也，**中正之斷也。**中正大人，九五是也。**

**【釋義】**

訟乃求他人辨公正、是非。大人者，中正之君子，是非、公正之所在。二往見五，尊尚其中正之德，利見大人也。

**不利涉大川，入於淵也。**

**【程傳】**

與人訟者，必處其身於安平之地。若蹈危險，欲聚訟而克勝於人。**則陷其身矣，**逐外則身陷。終訟，逐外也。**乃入於深淵也。**卦中有中正險陷之象。九二中正在坎中。

**【釋文】**

「不利涉大川」，告誡之辭。剛來而下居二，下處於坎淵，「入於淵」也。九二爭訟，剛明自陷於淵，故不利涉大川。

與人爭訟，或和解止訟，或以中正而得孚信，此履安之道。若不惜履險以勝人，身陷其中，不可自拔，則「入於淵」而不可出。九二中正，處於坎中，有「中正陷險之象」，戒之入淵不出。

《象》曰：天與水違行，訟。君子以作事謀始。

**【程傳】**

天上水下，相違而行，<small>天行上水流下，背道而行。</small>二體違戾，<small>道相違而情相戾。</small>相訟之由也。若上下相順，<small>陰順陽之道，柔順剛之道。</small>訟何由興？君子觀象，知人情有爭訟之道，故凡所作事，必謀其始。<small>求正於始。</small>絕訟端於事之始，則訟無由生矣。謀始之義廣矣，若慎交結、明契券之類是也。

**【釋義】**

荀爽：「天自西轉，水自東流，上下違行，成訟之象也。」天水相違的另一說。

君子觀天水相違之象，思作事要從根上扶正，本根不正，馴而必漸至於邪妄而凶矣。培根固正有二：內修光明正大，外行謙遜禮讓。與「外剛強內險阻」反其道而行之，內外兼修，杜絕訟源，便是「謀始」之道。

象傳為「作事」，而非「做事」，二者有別。做事，泛泛而言，既指已做過的，也指未做過的。作事，專指未做過的，如「述而不作」之「作」。因為沒經驗、沒教訓，「作事」的開端極為重要，培正開端，慎惕其始，便是正其「謀始」。

余按：「作」為興起，「事」為訟事；作事者，興起訟事也。

《子夏易》：「相違而與處事，訟之象也。」志相違又不得不共事，則興訟端。「作事」之人本各有其道，自不相干，卻撮合共事，硬「作」而起「事端」。「作」如「做作」之「作」，本無事而人為作出。故此，此等「作事」便只有「訟事」了。「作事謀始」，便是「訟事謀始」。訟事興起，於爭訟之前，以息訟為要，此為「謀始」。一言以蔽之，謀始者，始作而培其正也。

「作事謀始」如坤之「馴致其冰」，預防馴致「堅冰」而至於「終凶」。「作事」，乃是已經「履霜」興訟了，非是訟事未發之前而「謀始」。故此，「作事

謀始」，乃是興訟之初，便謀劃如何消停，不使其馴順而成凶。程子云：「絕訟端於事之始，則訟無由生矣」。《子夏易》：「君子見其未著，防其未形，則遠訟也。」心有訟意，而行止於訟。

## 初六：不永所事，小有言，終吉。

### 【程傳】

六以柔弱居下，不能終極其訟者也。能終其訟當心志剛毅。柔弱者不能獨立，且處卑下，更增其依附，故不能終其訟。故於訟之初，因六之才為之戒，因，依據。曰：若不長永其事，長永，使之長久。則雖小有言，處訟而自止其訟，必小生怨言，而有自辨其所怨之情。若不辨其怨之所生，以期諒解，則何以終吉？終得吉也。止訟則吉。蓋訟非可長之事，訟為凶事，不宜長。以陰柔之才而訟於下，難以吉矣。材質卑下，又以下訟上，故難順吉。以上有應援而能不永其事，上有應援，應於九四也。故雖小有言，口角之爭，有言也。終得吉也。有言，災之小者也。不永其事，而不至於凶，乃訟之吉也。

### 【釋義】

《子夏易》：「柔非勇於訟也，上迫而至訟。」初以柔弱居坎險之下，非能勇於訟者，為四所迫而至於訟。初、四為正應，四乾體行上，初坎體浸下，兩情阻隔，故以成訟。

不永所事，不恒久致力於訟事，不終其訟也。初之訟事，自外而來，非初之意願，故不願永其訟；復次，初陰柔處卑，柔難自立，處卑無援，不敢永其訟也。故此，初六不願、亦不能永其訟事。

初、四訟事興起，必有爭端而欲自辨明，故「小有言」而欲自明。初本非願意興訟事，四剛居柔，處上卦之下，故能同情相與，且四為陽剛，剛能明理，故中止其訟，「有言」而能辯明，故不至於大，小有言也。

孔穎達認為：初興起訟事，乃是九四犯己、下迫而至——「初六應於九四。然九四剛陽，先來非理犯己，初六陰柔，見犯乃訟，雖不能不訟，是不獲己而訟也，故小有言。」

初六當於「處訟之始，不為訟先，雖不能不訟，而了訟必辯明也。」（王弼）不率先為訟，也當辯明止訟。不為訟先，陰柔居後，不敢先也；必辯明，了止訟事必須辯明。

或以為初與二爭訟。盧氏曰：「初欲應四，而二據之。暫爭，事不至永。

雖有小訟，訟必辯明，故終吉。」

《象》曰：不永所事，訟不可長也。

**【程傳】**

六以柔弱而訟於下，<small>處卑而訟上。</small>其義固不可長永也。<small>其義，即「柔弱而訟於下」。以下訟上，以柔訟強，以卑訟尊，其義不可長。</small>永其訟，<small>官司打到底。</small>則不勝而禍難及矣。<small>柔弱處下又訟上，不勝也。</small>又於訟之初，復之不遠也。<small>即戒訟非可長之事也。訟事不可漸長。</small>

**【釋義】**

「訟不可長」，止訟息爭，訟事不宜長，告誡之辭也。陰柔居卑，且處坎險，於訟時又以下訟上、以卑訟尊、以弱訟強，致凶之道，故宜當即時息訟，改過宜勇，不可遲疑。

雖小有言，其辯明也。

**【程傳】**

柔弱居下，才不能訟，<small>柔弱居下之才。</small>雖不永所事，既訟矣，必有小災，故小有言也。<small>有怨爭也有辯明，小有言也。</small>既不永其事，又上有剛陽之正應，辯理之明，故終得其吉也。不然，其能免乎？在訟之義：同位而相應，相與者也，<small>同位，初處下卦之初，四處上卦之初，同處一卦之下位，同位也。相應，初四正應。初四同位且相應，故「相與」也。訟時，相與者則雖有訟，然能辨明而息訟。</small>故初於四為獲其辯明；同位而不相得，<small>二五同位，然兩剛不相應，故不相得而聚訟不已。</small>相訟者也，故二與五為對敵也。<small>訟時，兩剛不應則懟而訟。</small>

**【釋義】**

言者，話語有條理也。小有言，自辯明也。自辯而明，以通上下之情，則不永訟事。「辯」乃初之自辯，非是決訟者「辨」是非。

九二：不克訟，歸而逋，其邑人三百戶，无眚。

**【程傳】**

二五相應之地，而兩剛不相與，<small>互助為「與」，訟時兩剛處對應之地必相訟。</small>相訟者也。九二自外來，以剛處險，<small>剛處險地，以剛克險，故必訟。</small>為訟之主，乃與五為敵。五以中正處君位，<small>五，君位；上卦之中，為中；陽居陽位，為正。</small>其可敵乎？是為訟而義不克也。若能知其義之不可，<small>下訟上，義不可也。</small>退歸而逋避，<small>退，不永</small>

訟也；歸，歸正也。逋逃，示弱不敢為敵也。**以寡約自處**，獨處為寡，離眾也，不連累邑地之民，逋逃也。約束為約，約束其怨憤之心，反己改過也。**則得無過眚也。必逋者，避為敵之地也。**二之邑地為九五之敵，二避逃而遠離邑地，示弱不敢居邑為敵也。**三百戶，邑之至小者**，若處強大，處強大之邑。**是猶競也**，尚可與九五繼為敵，猶競也。**能无眚乎？**眚，**過也**，自蔽為眚。小不可敵大，弱不可敵強，无眚也。**處不當也**，以下訟上，自處不當也，故言眚也。**與知惡而為有分也。**眚為過，不至於惡。有分，有別也。

**【釋義】**

二與五同位而不相應，成仇而興訟事。二卑五尊，二以下訟上，義不可敵，「不克訟」之象。歸者，歸反其正也，剛處柔中是其正。剛能反己，柔能遜退，中則不過訟也。二欲上行訟五，不克而歸反其正。逋，逃離隱伏；剛居坎中，有隱伏象。

二剛居柔中，能反己而惕者，不克訟則柔順逋隱，改其剛猛之失。

「歸而逋」雖因「不克訟」，也為二能反己，「不永其事」，善改其過。

「邑人三百戶」，九二之封地，鄭玄曰：「小國下大夫之制」，地小人少，不能與五為敵，不克訟而逃，不敢居邑以抗。眚，過在己者。以小邑之力訟九五，不能敵，當晦居隱處，則無過錯。歸而逋，无眚也。

**【補遺】**

歸，不遠而復也；逋，惕懼避禍也。內能反正，外能避禍，在己无眚也。

**《象》曰：不克訟，歸逋竄也。**

**【程傳】**

**義既不敵**，下不可犯上，義也。**故不能訟**，不能克訟。**而逋竄避去其所也。**去，離也。所，邑也。

**【釋義】**

竄，竄逃，離其居為竄。極言規避之快速，唯有深刻反己，惕畏戰兢，不敢復居其所，示人自知其過，才能速改己過如此。

**自下訟上，患至掇也。**

**【程傳】**

**自下而訟其上，義乖勢屈**，義乖違於正，則失眾而勢單力屈也。**禍患之至，猶拾掇而取之**，言易得也。

## 【釋義】

掇，拾取。自下訟上，道義虧欠，為世所不容，禍患之多，若遍地可拾，兇險之極也。

## 六三：食舊德，貞，厲終吉。

## 【程傳】

三雖居剛而應上，三為剛位，居剛也；三上對應，應上也。然質本陰柔，處險體之上。陰柔處險，非能自脫險也。處險而介二剛之間，二四為剛。危懼，處危而有懼。三居險地，承剛而履剛，危之所生也。非為訟者也。祿者稱德而受。德配祿位，天爵也；德稱其祿，則受之無愧。食舊德，謂踐履常德。德常不改，謂舊也。謂處其素分。素常之分，平素之德。貞謂堅固自守，厲終吉，居險而處兩剛之間，危厲之地也。終吉者，食舊德也。謂雖處危地，能知危懼，有常德而處於危地，自能惕懼。則終必獲吉也。守素分而無求，無求，無求非分之得。守素分者，能食其當得之得，无妄求也。則不訟矣。處危，謂在險而承乘皆剛，承乘皆剛，上承九四之剛，下乘九二之剛。與居訟之時也。處危有三義：在險體，一也；承乘皆剛，二也；居訟之時，三也。

## 【釋義】

食，踐履也。舊德，常德也，食舊德，謂能守其素分，常德不改也。居訟之時，貞固其常為吉。

三之「厲」者，訟時，處險之上，承乘兩剛也。然而，六三能貞固其柔德，食舊德而不與剛對，又得上九之應與，居險體之上而將欲出險，雖厲而終吉也。厲，也指居危而惕厲。

《子夏易》：「處下之上，從乎剛陽，而訟通矣，食其德矣。」三處坎險之上，追隨上之陽剛，則訟事已通而解，故能保全其位，有「食舊德」之象。

## 或從王事，無成。

## 【程傳】

柔從剛者也；柔以從剛為義；三從上，柔從剛也。下從上者也，柔從剛即下從上。三居上之下，從剛即下從上。三不為訟，三雖居險危之地，非有訟事。而從上九所為，三敬從上之命，非主動為訟者。故曰「或從王事無成」，事為王事，成事乃是王事之成，非己事之成，故曰「無成」。謂從上而成不在己也。從上有功，功在上，功成不在己也。臣任勞而不敢居功。訟者剛健之事，能永其訟，必有剛健之性。故初則不永，初六陰柔，不能剛健，訟事不永。三則從上，皆非能訟者也。三從上，內不欲訟者，故非能訟也。二

爻皆以陰柔不終而得吉，不終其訟。訟事為凶，不終而中止則吉順。**四亦以不克而渝得吉，**四與初有訟，因有相與，故明辨事理而不克其訟。渝，變其好訟之行。**訟以能止為善也。**能止者，止在己也。或陰柔自止，或剛明自止。

**【釋義】**

《子夏易》：「故至有命則行之，不敢自成也。」臣任命而行，不敢居成。或，有時。「有命」，有時有命。三從上九，「從王事」，為「有命」也。「無成」，不敢自成，不居功也。臣從君而行君之事，非己事，不敢言成。陰贊陽而成，成在陽不在陰；臣贊君而成，成在君，不在臣。六三為陰、為臣，不敢「有成」，只能居「無成」而為「有成」。

來知德云：「柔順有餘，而剛果不足，安能成王事哉？」六三陰柔無能，貞守柔順以避禍，依附上九、食舊德、守成而已，故他追隨王事，不能有成就。與「食舊德」、無他能相應，也通。

**《象》曰：食舊德，從上吉也。**

**【程傳】**

**守其素分，**恪守平素之本分，謂守陰柔之本分，不敢居剛而妄作。**雖從上之所為，非由己也，**從上之命，非從己之志。**故無成而終得其吉也。**雖不居成功之名，然終從上而吉順也。也可斷為「無成而終，得其吉也。」「終」乃是「終其事」，臣子始終君事，不可半途而廢，慎始慎終，行其遠，任其勞也。

**【釋義】**

象傳釋「食舊德」為「從上」。臣素安其位，必「從上」之命而行。「從上」，乃臣所以「食舊德」。程子以為「從上」，即「非由己也」——不自作，聽命而行，循坤順之德，不敢唱先也。

**九四：不克訟，復即命，渝安貞，吉。**

**【程傳】**

**四以陽剛而居健體，**上卦為乾，其體健，故言居居健體。**不得中正，**不處二五，為不中；不在陽位，為不正。**本為訟者也。**訟時，居重剛而不處中正，本當為訟者。**承五、履三、而應初。**然「承五履三而應初」，則不訟。承五，上承九五，順上也，則不訟。履三，下履六三，履柔不懟，則不訟。應初，與初六正應，相與則又不訟。**五，君也，義不克訟。**下不能訟上而克成其訟。**三居下而柔，**居下則不敢犯上，處柔則不剛懟。**不與之訟。初，正應而順從，**（初與四為正應，初順從四），**非與訟者也。四雖剛健欲訟，**訟時剛健易

訟，然四已出險，上下無黨，不得而訟。**無與對敵，其訟無由而興，故不克訟也。**不能克終其訟也。初四正應相與，小有言而不成訟也。**又居柔以應柔，**剛居四，居柔也；下應於初，應柔也。**亦為能止之義。**兩柔相遇，能止訟也。**既義不克訟，**克訟，猶成訟也。**若能克其剛忿欲訟之心，**處訟時，宜有忿欲之心。克，治也。**復即就於命，**復即，即時而復歸於正命也；就，靠近也；命，義命也，謂臣子順遜之命。**革其心，**革，變也；變其欲訟之心。**平其氣，**平息其忿戾之氣。**變而為安貞，**安於素位，貞固而守之。**則吉矣。命謂正理，**天乃正之所出，故天命為正理。**失正理為方命，**方命，不順正理，抗命違命也。**故以即命為復也。**即命，順命也。復，復歸正也。方，不順也。《書》云「方命圮族」，出自《堯典》，堯評鯀不可委以重任：「吁！咈哉，方命圮族。」圮音 pǐ，壞也。不順正命而毀傷其族人。**孟子云「方命虐民」。夫剛健而不中正，則躁動，故不安；**外不安其位，則內必躁動。**處非中正，故不貞。**無中正之本，不可貞固也。**不安貞，所以好訟也。若義不克訟而不訟，反就正理，**反猶復也。**變其不安貞為安貞，則吉矣。**

【釋義】

四居剛健之體，不中不正，又處訟之時，宜當為訟；然上下無黨，則不能成訟，不克訟也。不克訟則反歸其正，復即命也。剛能反己，故能復於正命。即，就也；命，聽命也。復即命，能反己之正而聽命。渝，變也，變其欲訟之心。安，安就於正也。渝安，變欲訟之心，就於安處之地，守臣之分。復即命，也為能復其臣分之命。貞，固守臣命。吉，能貞固臣分則吉。

二與四皆為「不克訟」。陳夢雷：「九二坎體，其心本險。見勢之不敵而逃，无眚而已。九四乾體，其性至健。」九二處在坎體之中，本當因險而訟，然能見勢不敵而逃隱以避。二之不克訟，由外之險阻，二能察險而逃逋。四處健體之下又居柔，剛健至明而能寬容，剛健則訟，至明能洞見事理，寬則能讓，居下能順，四之不克訟，由內之明辨而寬順，故能知命復反於正。知命，知命之所在而聽之，即命也，非今人所謂的認知而已。

《象》曰：復即命，渝安貞，不失也。

【程傳】

能如是則為無失矣，臣分無失。所以吉也。

【釋義】

反己歸正為「復」，儒者以「己」為天命之所在，故反己即為歸正。安居臣命，即命也。復即命，復即正命，復歸於臣道之正。渝，變其欲訟之行。安

貞，安守臣分而固執之。不失，不失臣分也。能如此而行，則吉。

**九五：訟元吉。**

**【程傳】**

以中正居尊位，治訟者也。治訟得其中正，所以元吉也。元吉，大吉而盡善也。吉大而不盡善者有矣。

**【釋義】**

訟，治訟也。九五剛居中正，剛則明察而能斷，中正則不偏倚，以此臨訟，則大吉。

**《象》曰：訟元吉，以中正也。**

**【程傳】**

中正之道，大中至正，天之道也。何施而不元吉？能循天之道，何往而不吉。施，所為也，謂治訟之事。元吉，至善而吉。

**【釋義】**

以中正治訟，事得其明，利得其公，公而明，元吉也。

**上九：或錫之鞶帶，終朝三褫之。**

**【程傳】**

九以陽居上，剛健之極，又處訟之終，極其訟者也。剛健則易訟，處訟之終，終其訟而不改也。極，推極。極其訟，欲訟勝於人，無所不用其極。人之肆其剛強，肆，縱之而不約之謂。窮極於訟，居訟之上而剛也。取禍喪身，喪身，三褫之也。固其理也。設或使之善訟能勝，窮極不已，推至其極，無所不訟，又好訟不已。至於受服命之賞，是亦與人仇爭所獲，以至於服命之賜也為訟所得榮耀。其能安保之乎？非以德得之，安能保之。德而得賜，天賜也；訟而得賜，詐力所得，悖逆不祥。故終一朝而三見褫奪也。方命不順也，故不為君上所信任。見，被也。終，終始也。一朝，一王之朝。

**【釋義】**

錫通賜。鞶帶，皮製大帶，官員服飾。終朝，終始一王之朝，如嘉慶之朝、雍正之朝。褫，奪、褫奪也。鞶帶之賜，以剛強來之，必以剛強去之，故云「褫之」，言奪之自外也。終朝三褫之，《子夏易》：「三脫其服，象褫疾也。」褫奪頻繁，象褫疾也，所賜來去皆疾，豈有顏面尊嚴？

上九以剛健終其訟事，雖或勝人而時有幸賜，或錫之鞶帶，然以剛居訟卦

之終，終其訟而不悔，必有凶災，終朝三褫之。剛強而好訟，強執而不反，取凶之道。

《象》曰：以訟受服，亦不足敬也。

**【程傳】**

窮極訟事，設使受服命之寵，亦且不足敬，而可賤惡，況又禍患隨至乎？禍患隨力，不隨德也。

**【釋義】**

因訟事而得賞賜，詐力所得，不足敬，何況有三褫之辱？剛強爭訟，雖一時得意，可羞可賤，早晚禍患隨至。

**【小結】**

訟以息訟為吉，既訟了，以不永訟為佳。九二為興訟者，九五為治訟者。九二剛居險處，剛居險則興訟，然剛又能明察，處中則能自止，故不克而逋逃之，復之不遠，終无眚也。九五剛處中正，斷訟公明。初九柔弱，不能永訟。六三從上九，不願興訟。唯上九剛處健體之上，居訟之極，窮極其訟而不思反正。

## ䷆師卦第七　坎下坤上

**【程傳】**

師，《說文》：「兩千五百人為師。」《周禮》：「五人為伍，五伍為兩，四兩為卒，五卒為旅，五旅為師。」一旅五百，五旅也謂兩千五百人。《序卦》：「訟必有眾起，訟者，眾人爭勝以求其公也。**故受之以師**，師以眾決爭。**師之興由有爭也，所以次訟也。**」崔憬曰：「因爭必起眾相攻，故受之以師也。」

**為卦坤上坎下。以二體言之：地中有水，為眾聚之象。**水有聚象，坤有眾象。**以二卦之義言之：內險外順，**內卦為坎，坎險也；外卦為坤，坤順也。出險則順，師也。**險道而以順行，師之義也。**師為行險，行險以柔順為師道。**以爻言之：一陽而為眾陰之主，**五陰比親一陽。**統眾之象也。比以一陽為眾陰之主而在上，君之象也；**比卦，陽在五，眾陰從之，君之象。**師以一陽為眾陰之主而在下，將帥之象也。**師卦，陽居二在下，將帥之象。

**【釋義】**

訟者爭也，師者眾也，眾爭而不決，必有行師之舉。師，地中有水，有眾

聚之象。

為卦，內險外順，互卦震坤，外寬以靜，惕以時出，動必以正，凡動必順，師也。「伏至險於大順，藏不測於至靜之中」（朱熹語），師之道也。一陽居下卦之中，剛則立矩，柔則順行，中則不偏，故有眾陰歸之，有臣子統眾之象。

# 師：貞，丈人吉，无咎。

## 【程傳】

師之道，以正為本。師者，正道也；湯武革命，以正出師。兵者，詭道也，以奇出之。興師動眾以毒天下而不以正，毒，殘害也。師雖以正出，行軍也多有傷害。民弗從也，正其利則民從。強驅之耳。故師以貞為主。貞，正也，固正也。主，主導也。其動雖正也，帥之者必丈人，則吉而无咎也。必以丈人統帥正義之師，則吉而无咎。蓋有吉而有咎者，有无咎而不吉者。吉主外，咎主內，吉不可自控，咎可以自控。吉且无咎，乃盡善也。

丈人者，九二之長子也。以眾陰對之為丈人，與六五對為長子。尊嚴之稱。分析而言：德為尊，令為嚴。帥師總眾，帥、總義同，皆統領之謂。非眾所尊信畏服，敬畏其才德，服從其命令。則安能得人心之從？只以才，人心不服；只以德，不足為將。霍去病只以將才服眾之口，衛青則兼以才德服人之口、亦服人之心。故司馬穰苴擢自微賤，司馬穰苴本姓田，春秋齊國軍事家，齊景公時人，以擊退晉燕聯軍而知名，後被景公罷黜，鬱鬱而亡，著有《司馬法》。授之以眾，乃以眾心未服，初擢自微賤也。請莊賈為將也。所謂丈人，不必素居崇貴，但其才謀德業，丈人以才德，非以位。眾所畏服，則是也。如穰苴既誅莊賈，莊賈為齊景公寵臣，身為監軍，醉酒不守軍律，被斬。莊賈被斬，大約是司馬有意設計，以立威信。則眾心畏服，乃丈人矣。自此乃為丈人矣。又如淮陰侯起於微賤，淮陰侯為韓信。遂為大將，大將猶夫子所言「大臣」，行道之將，大將也。蓋其謀為有以使人尊畏也。

## 【釋義】

師之道，以貞正為義。貞者正也，行以正也；師者，所以貞正也，不能貞正，則為侵奪暴虐之軍，非所以為師。丈人者，大人之謂也，所以行貞正者，故言丈人吉。出師以丈人帥，貞正而行，在己則无咎。

九二陽剛居中正，師出以中正之義。貞則有師出；不貞，師出無名，則不稱為「師」，為侵略、為盜寇、為強權。

丈人，也謂長人者，能以才德長於眾人，為眾之統帥。居中而奉，德長於

人；行險而順，才長於人；二者兼之，為人所信服，而為眾人之長。能為眾人之長，則一人之令，眾人遵循之；師眾之動，如運其手足；如此，方可尊為師之丈人。

九二陽爻，有剛明之才；居中，有中正之德；處柔，有寬受之量，故為丈人。帥眾者有此三德，而後能「无咎」。

## 《彖》曰：師，眾也。貞，正也。能以眾正，可以王矣。

### 【程傳】

**能使眾人皆正**，九二中正以正眾，眾陰從二即從中正也。**可以王天下矣**。以王道師匡正天下。丈人行正而得眾，又順於君上，則可以王天下。**得眾心服從而歸正，王道止於是也**。止於歸正也。

### 【釋義】

兵眾為師，然必正出有名，率眾以正，不殘毒天下，方可為師。九二剛居柔中，匡眾人以正，為眾人之正範，則可以為天下王，為眾之主也。彖傳復以「正眾」訓「師」，約束眾人以正，尚德不尚力，以德行其威，非以力懾服天下，故當於險中貞固其正，不因險惡、擁眾而偏入邪妄，終始不失，恒其正德。

荀爽：「謂二有中和之德，而據群陰，上居五位，可以王也。」九二可以升至於五位，居至尊而王天下。荀爽常以乾升坤降解讀諸爻。

## 剛中而應，行險而順。

### 【程傳】

言二也。剛中而應，二之德；行險而順，二之才。**以剛處中**，剛斷而不偏。處，猶行義。處中道，行中道也。**剛而得中道也**，剛有多義：剛健、剛斷、篤定、不欲、剛猛，皆收束為「陽」之德。行師以「剛斷」義為佳。**六五之君為正應**，自爻上言，一四、二五、三上互為陰陽為正應。自義上言，道義相通為正應。**信任之專也**，篤信不疑。專任則有專信，況二五之道相通乎？**雖行險道而以順動**，順時順勢而動，順動也；程子更強調順正而動。**所謂義兵**，兵出以正，義兵也。**王者之師也**。天地人貫通為王，通三才之道也。順天地之道而不順人道，不為王；順人道而不順天地之道，亦不可為王。今日之王者，即謀百姓之幸福，也謀與諸國和處，也必謀人與自然之和諧。**上順下險**，順險而行，不可與險競。**行險而順也**。

### 【釋義】

「剛中而應，行險而順」，九二丈人有此德。

-121-

剛能立則，能行師以律，能明察而斷。柔中，不偏而能周，居柔又能順。應者，二五正應，上應於六五也。九二剛居柔而應上，居柔能順，故能應上之命，巽順臣節，擁眾不犯也。

內坎外坤，內惕以行險，外寬以行順，以惕懼之心而順行，行无咎也。

### 【補遺】

「行險而順」，只說順理之當然，不提順君命，因上句有「剛中而應」。九二能正應六五，已有奉命之順了。故「行險而順」之「順」字，以才言，不以德言，「順」字從「險」中過來，行師於戰地之「險」，「順」字跟著出來，應變思「順」。臨戰之際，當相機而斷，順時順勢，不必聽命於廟堂之君。

## 以此毒天下而民從之，吉，又何咎矣？

### 【程傳】

師旅之興，不無傷財害人，毒害天下，然而民心從之者，以其義動也。義動者，以道義行師；或者，行義師以動百姓之心。古者東征西怨，《書‧仲虺之誥》：「東征，西夷怨；南征，北狄怨，曰：『奚獨後予？』」民心從也，如是故吉而无咎。吉謂必克，民心從，故戰必克，克敵為吉。无咎謂合義。合義，合乎道義。无咎只是盡正道而得民心而言，於己則无咎。又何咎矣？順著吉而言，即已吉矣，又何咎之有？其義固无咎也。固，本來也。師出正義，民信從之，雖毒害天下，民之意願，故无咎。

### 【釋義】

九二何以能「剛中而應，行險而順」？以此也。

師為險道，險自內出，不得不險，行險征伐則必有殘毒者。然險道正出，道民以正，民心望歸，在己則无咎。吉者，「剛中而應，行險而順」、「民從之」，只此十二字為吉，非謂每戰必克為吉。

能使「民從之」之師，必能貼近民心，體恤民情，哀民之疾苦，想民之所想，利民之所利，故能竭力減損兵燹之荼毒。

## 《象》曰：地中有水，師；君子以容民畜眾。

### 【程傳】

地中有水，水聚於地中，為眾聚之象，水有聚象，坤有眾象，眾聚也。故為師也。君子觀地中有水之象，觀象以行諸其身，能近取譬、合一之道也。以容保其民，足食足兵民信之，庶富而教導之，容保其民也。畜聚其眾也。以德畜之，以德聚之，一皆以德。

## 【釋義】

地有寬大博厚之象，水有滋潤畜養之德；寬大博厚又兼滋潤畜養，地中有水也。

君子觀此象，思寬弘其道。

寬弘其道，即是容民受物。使民各盡其性，各得其所，如地之厚博，對萬物不剔擇，皆能容受而並育之。

「容」，需減少政府干預，以「無為而治」為期許；使民如魚在江湖，但知有上而已，不知上之所為。「畜」有「養」義，通「蓄」，又有「聚」義。盡民之性來「容民」，如此「養」民、開民、明民，而非控民、愚民。「寬容」而「養」，民有恥且格，能擇善而處，自尊自信，自能團聚力量，此之「畜眾」乃是以德「畜」之，故民能成王道之師兵。

《子夏易》：「地中有水，故能有得其潤，而保其廣地之用也。」容之廣博，乃是從水潤澤中來的，潤澤越大，地生物之功越廣，則「容」得越寬。師道之「潤」，利以公也。「利」寡繫於私，「利」眾繫於公，為專政、仁政之分野。

初六：師出以律，否臧凶。

## 【程傳】

初，師之始也，師卦五陰為眾，陰柔難以律己，「師出以律」以戒之。故言出師之義，及行師之道。行師之道，正以律也，正而不律，律而不正，皆非行師之道。在邦國興師而言，合義理，則是以律法也，廣義言之，律法所以行義者。狹義言之，律法，軍紀也，即程子「號令節制」。謂以禁亂誅暴而動。禁亂者自當以律；師無紀，則誅暴者自為暴也。苟動不以義，苟，如也；動，行師也。義，正也。則雖善亦凶道也。善謂克勝，凶謂殄民害義也。在行師而言，律謂號令節制。行師之道，以號令節制為本，聽號令以節制其行。所以統制於眾。人眾不約則必亂以暴。不以律，則雖善亦凶，不以律，雖善非常也，不行其常，凶必隨之。雖使勝捷，猶凶道也。行僥倖之道。

制師無法，制，管治也。無法，此處謂「無常」。幸而不敗且勝者時有之矣，聖人之所戒也。

## 【釋義】

陰柔易馳逐於外，難以內斂自律，初六又居不正，故戒之「師出以律，否臧凶」。李鼎祚：「初六以陰居陽，履失其位，位既匪正，雖令不從。」

師出以律，慎其始也。

初六為師之初爻，於初始，必要明正端始，端始不正，行軍必凶，正始在於「律」。

師之力量在於凝聚力；凝聚力在於「軍令」。「軍令」，律也，所以齊眾者。失律則眾散，否臧凶也。

「師」道不限於軍隊。政府、公司皆為眾聚為師，初始需立「律」來整肅團隊，自始至終，也需貞固其「律」。今天政府日日反腐，也是貞固其律，讓政府團隊回到初始之律上而不渙散。

否臧，不善也，即無紀律。

「出師」有名，在於「道」；「師出」無凶，在於「律」。有道而無紀律之師，必敗，敗在「術」上。有紀律而無道之師，終也必敗，敗在「道」上。

## 《象》曰：師出以律，失律凶也。

### 【程傳】

師出當以律，失律則凶矣，雖幸而勝，亦凶道也。失律則毒民，毒民而失其正，失正則邦本動搖，凶道也。

### 【釋義】

律以聚眾，失律則眾散，眾散則師亡，凶也。

出師以正，道義上取勝；師出以律，技術上取勝，二者不可或缺。

## 九二：在師中，吉无咎，王三錫命。

### 【程傳】

師卦惟九二一陽，為眾陰所歸。一三比附，外三爻為坤體，皆順之。五居君位，柔居尊位處順體，有虛己順人之義。是其正應，二乃師之主，師道師律所出者。專制其事者也。專制者，專制其事也，權柄出於一人，全權處理之。居下而專制其事，專制行師事宜，即閫外之事則專制之。唯在師則可。

自古命將，閫外之事得專制之，「閫以內者寡人制之」，則閫外之事，乃朝堂之外，軍旅之事也。在師專制而得中道，剛處柔中，能順而守分。故吉而无咎。蓋恃專則失為下之道，為下以順命為道。恃專制軍權而不順命，失為下之道。不專則無成功之理，故得中為吉。凡師之道，威和並至則吉也。威以律眾，和以通上下之情，猶和以禮節之。

既處之盡其善，威和並至也。則能成功而安天下，成功謂克敵也。故王錫寵命至於三也。凡事至於三者，極也。寵以利和上下，過數則君威不在。六五在上，既專

倚任，復厚其寵數。寵數，三賜命也。蓋禮不稱，三賜命以稱符九二之中順之德。則威不重而下不信也。不為臣下所信。他卦九二為六五所任者有矣，唯師專主其事，而為眾陰所歸，眾陰所歸，故稱丈人。故其義最大。國運所附，師出也。人臣之道，九二人臣，故稱長子。於事無所敢專，唯閫外之事則專制之，專制，專權於軍隊。雖制之在己，約束師眾在己。然因師之力而能致者，皆君所與而職當為也。君賜與權，臣職分之內，故當為之。

　　世儒有論魯祀周公以夫子禮樂，以為周公能為人臣不能為之功，則可用人臣不得用之禮樂，是不知人臣之道也。夫居周公之位，則為周公之事，由其位而能為者，由其位者，行皆由順其位，不敢出位。皆所當為也，周公乃盡其職耳。子道亦然。為人子，其道如臣道，事君如事父。唯孟子為知此義，故曰「事親若曾子者可也」，未嘗以曾子之孝為有餘也。蓋子之身所能為者，皆所當為也。在其位所能即為當為。

【釋義】

　　也可斷句為：在師中吉，无咎，王三錫命。

　　在師中，爻象。剛居其位，受命而在師中，為群陰之正，即象傳所言：剛中而應，行險而順，能以眾正。在師中，也謂在其位、行其道而盡其職。

　　剛中居柔，明而能慎，剛而不猛，勇而能遜，權柄在手卻能應順五命。以此應戰，必克敵制勝，故吉。應五順命，任大事重，又能克敵，故无咎。克敵且順命，故得「王三錫命」。錫命者，非六五私恩於二，乃嘉其中正之功德。錫同賜。三錫，厚賞以配其功德，也言其君臣交通順暢不阻，道通而德同也。

　　四陰從一陽，師出在外，權柄在我，最易膨脹而不順命，故戒以「在師中」，務守將帥之道，不可僭越臣分也。

【補遺】

　　《周易乾鑿度》：「師者，眾也。言有盛德行中，和順民心，天下歸往之，莫不美命為王也。行師以除民害，賜命以長世德之盛。」其解讀與後世不同，不拘泥於九二臣位，但言其德可為王天下。

《象》曰：在師中吉，承天寵也。王三錫命，懷萬邦也。

【程傳】

　　在師中吉者，以其承天之寵任也。不得謂因己之才德而吉。天謂王也。以天謂王，王行天道也。故丈人得王之寵信，乃以其德配天，故曰「承天寵」。人臣非君寵任之，

則安得專征之權，專有征伐之權。而有成功之吉？象以二專主其事，故發此義，與前所云世儒之見異矣。以明二之成功且吉，皆在王也。王三錫以恩命，恩以結心，命以制行。褒其成功，褒獎其成王事之功。所以懷萬邦也。懷萬邦以道——成功王事，所以奉公也。

【釋義】

臣道受命任重，故不敢居功，從上則歸功於上，故能「在師中吉」，以「承天寵」。在師，不離臣分也。所謂「天寵」者，「寵」賜之在天，非在王也。非自於王之個人，乃天寵錫之，嘉美其功，示萬邦以「公」。猶「天命為王」，非個人敢擅自稱王，乃天之曆數在而躬，時運造就之。

三錫命，厚賞之以配其德；示天下仁惠公平，懷柔萬邦之道。

六三：師或輿尸，凶。

【程傳】

三居下卦之上，坎之上。居位當任者也。三為居位。不唯其才陰柔，不中正；師旅之事，任當專一。二既以剛中之才為上信倚，信倚，信任而倚靠。必專其事，乃有成功，若或更使眾人主之，眾人分管也。凶之道也。輿尸，乘輿乃大夫之權，故乘輿象有權力。眾主也，眾人共主軍權。蓋指三也。以三居下之上，故發此義。軍旅之事，任不專一，覆敗必矣。

【釋義】

虞翻：「坤為尸，坎為車」。坤上坎下，尸乘輿也。

六三失位又柔乘剛，居處不正，陰柔無才，復又乘輿，尸居其位也。或，《子夏易》：「多則或矣」。輿尸則令出多門，「或」也、分權也，行師而分權，令出多門，取凶之道。

柔居剛非正，陰乘陽則躁妄，外誘於權柄，內躁動不安，小人之嫉君子，竊君子之位而居之，凶也。

《象》曰：師或輿尸，大無功也。

【程傳】

倚付二三，依付，倚靠託付。二三小子，乃輿尸之庸眾，非丈人也。安能成功？行師不以丈人，安能成功？豈唯無功，所以致凶也。小子輿尸，所以致凶也。

【釋義】

庸眾行師，分丈人之權，大無功也。

六四：師左次，无咎。

**【程傳】**

師之進，以強勇也。四以柔居陰，柔居正也。非能進而克捷者也。克捷，克敵而勝。知不能進而退，故左次。左，謙退也。《左傳・襄十年》：「天子所右，寡君亦右之，所左，亦左之。」疏：「人有左右，右便而左不便。故以所助者為右，不助者為左。」左為不助，師以強勇以進，於師不助則退也。次，舍也。左次，退舍也，舍，駐紮。量宜進退，量，權衡也。權衡敵我形勢，宜於進則進，宜於退則退。乃所當也，故无咎。見可而進，知難而退，師之常也。唯取其退之得宜，不論其才之能否也。度不能進而完師以退，或為「度不能勝」。度，思度、考量也。愈於覆敗遠矣。愈，勝過也。可進而退，乃為咎也，非量宜也，故有咎在己。《易》之發此義以示後世，其仁深矣。

**【釋義】**

用師之道，可進則進，不可進則退，以柔履險，不競於險。

四陰居柔位，才弱不能進；且陰以順陽為進，不得自進，師左次也。程子云：「左次，退舍也」。《子夏易》：「左者，不用之地。」退而舍之，不用兵也。

六四雌伏守分，有自知之明，量力退守，「完師以退，愈於覆敗遠矣」，則无咎。

《象》曰：左次无咎，未失常也。

**【程傳】**

行師之道，因時施宜，乃其常也，宜進則進，宜退則退，量其可否，乃其常道也。故左次未必為失也。如四退次，乃得其宜，四陰柔不能進取，以退為宜。是以无咎。守其分則无咎。

**【釋義】**

陰柔本當待命而行，無命而進，有咎也。若不可進而退，守坤順之常，亦為无咎，未失常也。

六五：田有禽，利執言，无咎。長子帥師，弟子輿尸，貞凶。

**【程傳】**

五，君位，興師之主也，主發出師號令。故言興師任將之道。其道有二：下執言而行；師道貴以專任。師之興，必以蠻夷猾夏，南蠻東夷。猾，亂也。寇賊奸宄，寇自外來，賊自內生；奸宄義通，近旁小人害正為禍也。為生民之害，不可懷來，不可以德懷之而來。然後奉辭以誅之。奉辭，奉君上之令，猶執言也。若禽獸入於田中，外侵也。

侵害稼穡，於義宜獵取，則獵取之，如此而動，乃得无咎。從「師之興」以下，皆申說用師之道在正義。**若輕動以毒天下，**上言行師皆以自保其田，「輕動」則反其道。**其咎大矣。**輕用師也。國之大事在祀與戎，輕用師咎大矣。**執言，奉辭也，明其罪而討之也。**有辭而伐之，明其罪而討之也。**若秦皇、漢武皆窮山林以索禽獸者也，非田有禽也。**禽侵人之田，田有禽也。禽在山林，處自在之所，非禽人之田，不可謂田有禽。**任將授師之道，專任長子。當以長子帥師。**二在下而為師之主，長子也。**若以弟子眾主之，**弟子眾主之，輿尸也。**則所為雖正，亦凶也。**田有禽，師出有名，正也。「弟子」僭越「長子」之帥權，「凶」也。**弟子，凡非長者也。**弟子，二三子也。**自古任將不專而致覆敗者，如晉荀林父邲之戰，唐郭子儀相州之敗是也。**

### 【釋義】

五陰柔處中，陰不先唱，柔不犯物，處中而守其分。六五柔中，非有侵凌之舉，敵來而應為其本分，田有禽也。

田有禽，六五之田為外敵所侵擾也。「執言」，謂九二奉辭行命也。言，令也，自六五出。二五正應，二奉五之命而行捕禽之事，遵命則利，利執言也。

六五為尊，陰柔居中，義不當親臨禦寇，故命九二禦敵。九二奉命行事，誅殺外禽侵田，行在臣分又能任之，故无咎也。禽在六五之田中，二奉命而斬獲之，故功在六五。

從二五爻位看，二為五之長子；從眾陰歸二看，二為丈人。帥師，九二奉六五之命而帥師，正命也。弟子，非長子，為三四陰爻；輿尸，分權也，群弟子主之，三四兩陰乘九二之剛，有「輿尸」之象。行師當任以專，分權則令出多門，不利行師。

捕禽於田，「貞」也；輿尸而行，「凶」也。

《象》曰：長子帥師，以中行也；弟子輿尸，使不當也。

### 【程傳】

**長子，謂二以中正之德合於上，**居中能正，如二五；居正未必中，如陽居一三，陰居四上。**而受任以行。**非敢獨擅也。**若復使其餘者眾尸其事，**尸，管理。陰柔弱無能，不能任事，故用「尸」字，示其無作為。眾尸其事，由眾人分其權。**是任使之不當也，**既專任之，又分其權，是不當也。**其凶宜矣。**

### 【釋義】

二五以中行之德相應，二奉命而行，為「長子帥師」。二之專權，在德不

在權，以中行也。既專任長子，復又使眾弟子輿尸，分長子之權，二三其行，任使不當也。

上六：大君有命，開國承家，小人勿用。

【程傳】

上，師之終也，功之成也，大君以爵命賞有功也。開國，封土建國也。封之為諸侯也；承家，大夫封邑以為家也。承家，承繼祖上邑地也，或受命而有邑地之家。以為卿大夫也。承，受也。小人者，雖有功不可用也，小人之教不可風行，故不使小人開國承家，以流毒一方百姓。故戒使勿用。師旅之興，成功非一道，有小人成功，有君子成功，故非一道也。不必皆君子也，故戒以小人有功不可用也，小人不可行政於國、邑。賞之以金帛祿位可也，不可使有國家而為政也。不可使之為政，以行教一方。小人平時易致驕盈，盈滿則出位。況挾其功乎？漢之英、彭所以亡也。聖人之深慮遠戒也。此專言師終之義，開國承家，小人勿用。不取爻義，蓋以其大者。若以爻言，則六以柔居順之極，坤為順體，六在上，居順之極也。師既終而在無位之地，處無位之地，示天下以無私。善處而无咎者也。不居功，功成身退，善處也。

【釋義】

上六居師卦之終，功成班師，論功行賞。開國承家，封賞君子也，君子封土以行其教令，以淳化風俗。小人有功，賞之金帛即可，不得封土以行其教令，以污染風俗，流毒百姓，慎教化之功也。

大君，行道之君，猶夫子所謂「大臣」。大君賞罰公正，「正功」是也。有命，「開國承家，小人勿用」也。開國承家，封諸侯立大夫也。開國，封土建國，封諸侯也。承家，承，受也；家，邑地也；卿大夫之家為邑地，承家受邑地以立大夫，如季氏有費邑。

《象》曰：大君有命，以正功也。小人勿用，必亂邦也。

【程傳】

大君持恩賞之柄，以正軍旅之功，開國承家，小人勿用，所以正軍旅之功。師之終也。雖賞其功，小人則不可以有功而任用之，用之必亂邦。小人恃功而亂邦者，古有之矣。

【釋義】

大君論功行賞，必以正，賞爵自天，非出私惠於一人。有功則行賞於祖廟，違命則就戮於社稷。賜君子以封地，以正其功也；小人不得為一國之君、一邑

之主，在邦亂邦，在邑亂邑，小人移風易俗，不可不慎。

**【小結】**

出師以正，以王道行其師。其初，專任於丈人；其中，勿用輿尸；其終，勿用小人。

## ䷇ 比卦第八　坤下坎上

**【程傳】**

比，《序卦》：「眾必有所比，有眾則有聚，有聚則必有比親。故受之以比。」比，親輔也。《說文》：「比，密也。」兩人密近而相輔，比也。**人之類，必相親輔，**人者仁也，從人從二，從二則人必相親輔。**然後能安。**君有臣而後能安，父有子而後能安，推至五倫，皆比親而後能安。比者，陰陽相親也。**故既有眾，**三人成眾，既眾，則必有比近而親者。**則必有所比，**君臣相比而有忠信，父子相比而有孝慈，皆有比而有親。比所以次師也。**為卦，上坎下坤。**內順而外險，以平易坦蕩之心履險也。以二體言之，水在地上，**物之相切比無間，**切近而比。**莫如水之在地上，**皆為地類而相親，**比之象。故為比也。**又眾爻皆陰，獨五以陽剛居君位，眾所親附，而上亦親下，故為比也。**比者，遇險於外而上下親附，凝結一心。

**【釋義】**

人多則有比附，人必比附而後能成事，必比附而後能安定。比，親輔也，親而互助，為褒義；周而不比，為貶義。

為卦，坎上坤下，水行地上而成比象；內順外險，坤以寬厚為眾，剛處九五為正，一陽為眾陰所親比，寬以正，可以比眾也。自個人言，內順以道，遇險而心坦蕩平易，不起波瀾，行其素常，如夫子困於陳蔡之間，絃歌不輟，遇險則无咎失。

互卦坤艮，順而有止，眾順陽，比親而有止，非比於利，比於義也。

**比：吉；原筮，元永貞，无咎。**

**【程傳】**

比，吉道也。眾聚而比親於德，從眾願而親德，吉道也。**人相親比，自為吉道，故《雜卦》云：「《比》樂，《師》憂。」**比親則樂，眾附朋聚也；師險則憂，履險也。**人相親比，必有其道，**以公心親比則善，以私意親比則悔吝；公私之比，各有其道。**苟非其道，**言非以公心親比，即不得「元永貞」之道也。**則有悔咎，**親比非道，則道不在己，故

生悔咎。**故必推原占決**，筮占，所以決疑，故曰「占決」。推原占決，推而溯源於筮占，以決其疑。**其可比者而比之。**因不知所當比親於誰，而訴求於筮占，以決可比者為誰。如子夏云：「可者與之，其不可者拒之」。**筮謂占決卜度，**占以決其疑，卜以測度神之意。**非謂以蓍龜也。**程子以為，筮占雖以求神，終乃由人決疑，非靠蓍草龜甲也。此乃「人能弘道，非道弘人」之義。**所比得「元永貞」則无咎。**筮占比親之人，若得「元永貞」三字，則所比之人乃是應比之人，在己則无咎。**「元」謂有君長之道，**善之長也。君長，能君人，則可為人之長。**「永」謂可以常久，**永者恆也，在己則有恆。**「貞」謂得正道。**貞固正道也。**上之比下，必有此三者；**以「元永貞」之德吸引在下者。**下之從上，必求此三者，**因上有「元永貞」之德而親比之。**則无咎也。**

【釋義】

比吉者，群陰親附於一陽，柔比剛，小人比君子，不肖者比於賢者，一皆親比於德，比德故吉。

《子夏易》：「地得水而柔，水得土而流，比之象也」。地得水而柔，柔乃地之性；水得水而流，流乃水之性；地水比親而各獲其性，各適自由。人親比而得善性，物親比而各得物性。物因比而各遂其性，人之性在仁，群陰比陽，復其性也；親仁者安於仁，未聞親利者能安於利，故比者，比仁而得仁，得仁則心寧且吉。

比，眾陰比附九五剛中，親比剛中則吉。「西南得朋，東北喪朋」：比西南眾陰則凶，比東北眾陽則吉。比吉者，比仁之道也；親仁者，比仁也。

原，孔穎達：「原窮其情」，朱熹為「再」。原筮，再筮。蓋為謹慎故，再次筮占。胡炳文：「原筮，《本義》讀如原蠶、原廟、原田之原，義皆訓再。」又云：「蒙之筮，問之人者也，不一則不專。比之筮，問其在我者也，不再則不審。」蒙卦乃求人筮占，再筮則不專；比卦乃自己筮占，不再則不慎。陳夢雷云：「蒙卦坎一陽在下曰初筮，比坎一陽在上曰原筮。」

按，「原」有「初、始、再、卜、野、推究」等諸義，本處取「再」義。

元永貞，原筮所得「元永貞」，告誡之辭——九五能具「元永貞」之德，五陰歸之則无咎。元，大也；永，久也、常也；貞，正也、固也。五以親比為大，為善之長也，永貞其親比，謂能聚眾陰也，則无咎。

元永貞，也可解為，元之德永常而固，永貞其元德，猶今日習談「不忘初心」，永貞其元是也。

不寧方來，後夫凶。

**【程傳】**

人之不能自保其安寧，方且來求親比，得所比，則能保其安。當其不寧之時，固宜汲汲以求比。處比之時，求比之心當篤實，汲汲如不及。若獨立自恃，自恃可過坎險。求比之志不速而後，則雖夫亦凶矣。夫猶凶，況柔弱者乎？夫，剛勇者。剛立之稱。《傳》曰：「子南，夫也。」《左傳·昭公元年》事。徐吾犯之妹擇夫君，稱讚公孫黑美男子，更稱讚子南為大丈夫。子南為公孫楚，與公孫黑是堂兄弟，皆為鄭穆公之孫。又曰：「是謂我非夫。」《左傳·哀公十一年》事。齊國陳兵於清，武叔膽怯，不敢出戰。冉有以言辭激他，武叔怒曰：「是謂我不成丈夫也。」於是出兵。凡生天地之間者，未有不相親比而能自存者也。公孫楚與公孫黑爭一女而不親比，公孫楚被放逐。魯三家族因親比，共敗齊師。程子舉兩例以明「未有不相親比而能自存者也。」雖剛強之至，未有能獨立者也。比之道，由兩志相求。兩志不相求，則暌矣。暌，違也。志相暌違則不親比。君懷撫其下，下親輔一作附於上，親戚朋友鄉黨皆然，故當上下合志以相從。苟無相求之意，則離而凶矣。人心離散則事不成，凶也。大抵人情相求則合，相持則暌。持，自持不相依附也。相持相待莫先也。待，對峙也。人之相親固有道，然而欲比之志，不可緩也。緩則凶也。

**【釋義】**

比時，一陽居尊，為主事者，群陰親比之，比於剛中之道，以求安所，以過險難，故當汲汲以進，求比為吉；若不能汲汲而延後，則誠意未至，未能專篤，雜於利心，比於利，非能純然向善，懷徼倖之心，瞻前顧後而後至也。見剛中之德，不汲汲於親比，見善不能如不及，後至而凶，大禹斬防風氏也。

比時，陰不能自安，比陽而後安，故當惶惶以求，不寧處也。為卦，坎上坤下，水流於地外，流放無所歸，不寧之象也。

**【補遺】**

黃忠天以為「方」乃為諸國，與「不寧侯」、「不庭方」義同，「不寧方」乃為不朝之國。不朝之國來，後至者凶。

《彖》曰：比，吉也。比，輔也，下順從也。

**【程傳】**

比吉也，比者吉之道也。物相親比，志通則相比親。乃吉道也。眾志通則事順，吉之道也。比輔也，下親比上，柔親比剛，附就而輔之也。釋比之義，比者相親輔也。

相者，下輔上，上也輔下；然下從上為比之正義，臣就君，子從夫，婦從夫，先後次序不可亂。**下順從也**，以下順從上為相親輔，此為來學、眾星共之義。**解卦所以為比也。五以陽居尊位，群下順從以親輔之**，群下，五下四陰爻。順從，順從於五。親輔，親比而輔助之。**所以為比也。** 下順上、柔順剛為比。

【釋義】

比，吉也，以下順上、柔比剛為吉。比，輔也，陰為陽輔，柔為剛輔，下為上輔，故云「下順從」，輔也。

比為來學而輔，非往教而輔，求仁者就仁，不肖者就有德；非是仁者就不仁，有德就無德。夫子申言「下順從」之義，來眾之教固有此義。

**原筮，元永貞，无咎，以剛中也。**

【程傳】

**推原筮決相比之道**，決，決斷也。相比之道在親仁。**得元永貞而後可以无咎。所謂元永貞**，九居五位，可以為眾陰之長，元者長也；德不恒非德也，永者恒也；德不固非德也，貞者固也。貞也訓正。**如五是也**，剛中居尊，具元永貞之德。**以陽剛居中正，盡比道之善者也。** 剛居中正，有元永貞之德，故能極盡比道之善。**以陽剛當尊位為君德，元也。居中得正，能永而貞也。** 永貞，只是講恒守貞固其「元」德，即貞固至尊剛中之德。**卦辭本泛言比道**，卦辭未及「剛中」，故曰「泛言」。**象言元永貞者，九五以剛處中正是也。** 象傳又以「剛中」釋「元永貞」。能剛中，群陰方能親比。

【釋義】

再筮占，得「元永貞」，謂九五能「永貞」其至善之德——「元」，則无咎。九五所以有元永貞之德，以處至尊而得剛中也。

比時，九五以「元」德為五陰之長，若永貞其元德，則能成五陰之比親，共濟坎難，則无咎。五陰親比九五，親比於「元」善之德。永貞其元德，則比之道貞固矣。

**不寧方來，上下應也。**

【程傳】

**人之生，不能保其安寧**，安居寧處也。**方且來求附比。民不能自保**，民，下四陰。**故戴君以求寧**；戴，擁戴；五陰親比九五，戴君也。**君不能獨立，故保民以為安。** 下以輔民。**不寧而來比者，上下相應也。** 下附上，上就下，然次序則以下順上為是。**以聖人之公言之**，公，剛中也。**固至誠求天下之比**，陽，實也，誠也。至誠，剛居中

正。以至誠求天下賢達比附於我。**以安民也。**安民則己安，安己則民不安，民不安則己復不安，故安民為本，本固則末安。**以後王之私言之，**聖人，先王也，德配天地，故可定制度者。後王，德不能配天，不能定制度，守先王成法而已。**不求下民之附，則危亡至矣。故上下之志，必相應也。**在上之德來感下民，為相應。**在卦言之，上下群陰比於五，五比其眾，**互比親，陰比陽，陽也比陰，然終是陽德立而陰群附。**乃上下應也。**上有德，下應之。一人修身，天下相應，本在上也。

### 【釋義】

比時，必親比而後則寧。寧者，全其性為寧，百姓安其利，君子安其義，天下寧也。不寧者，不安其常性之謂，上下交相利，則天下不寧。下不寧而親比於上，不寧方來。下比附上，上寬以容之，上下應也。

## 後夫凶，其道窮也。

### 【程傳】

眾必相比，而後能遂其生。遂，成也。天地之間，未有不相親比而能遂者也。遂其生、遂其事。**若相從之志不疾而後，則不能成比，**親比必急速，不能急速，則不能「成比」。**雖夫亦凶矣。**陰不能獨立，陽剛勇能獨立，故稱為「夫」。**無所親比，**獨夫無道，無所親比。**困屈以致凶，**身困道屈以至於凶災。**窮之道也。**比時而為後夫，窮困之道也。

### 【釋義】

其道，後夫親比之道；窮者，因「後」至而親比之道「窮」。「比」取水地無間為象，「後」則有間，非比親之道，故道窮而凶。

比者，比賢、比德也，不以「夫」、「婦」為吉；比而後至，不親賢也。後至之夫不比德為親，迫於利而後至，則凶。

親比之時，當篤志急就，如見善如不及，則順吉。

## 《象》曰：地上有水，比，先王以建萬國，親諸侯。

### 【程傳】

夫物相親比而無間者，莫如水在地上，所以為比也。取為比之象。先王觀比之象，以建萬國，親諸侯。建國則分利與諸侯，示天下以公心。**建立萬國，所以比民也；**天子親諸侯以比民。**親撫諸侯，所以比天下也。**親撫諸侯，所以比親天下百姓之道。天下，民也。

### 【釋義】

地以厚德聚水，水以潤下比地，地、水親比無間。先王觀此象，封土建國，

以親比諸侯。封土建侯，乃與諸侯共利，共利則推公心於天下，如此則諸侯親比。

初六：有孚比之，无咎。

【程傳】

初六，比之始也。相比之道，以誠信為本，中心不信而親人，人誰與之？與之，共事也，親比而後共事。故比之始，必有孚誠，乃无咎也。孚信之在中也。

【釋義】

處比之初，篤厚其孚信，雖遠必至，又何遠之有？有孚比之，非比我也，比親於至誠有孚也，故至誠之道必有親比，處遠又何咎也。

「有孚比之」，可視為戒辭：陰虛之物不易篤實孚信，周公於初比時，戒之比必「有孚」，以築其根本。初比有孚，固本也，故无咎。

有孚盈缶，終來有他，吉。

【程傳】

誠信充實於內，若物之盈滿於缶中也。中實也。缶，質素之器。缶，大肚小口瓦器。質素，瓦器也。素者，未修飾之謂，指未飾文、未上釉。言若缶之盈實其中，外不加文飾，則終能來有他吉也。以素樸之德來遠人以就己，吉也。他，非此也，外也。此，內卦之爻；外，九五居外卦，為外。若誠實充於內，物無不信，誠見諸於外為信。物無不信，若有盈缶之誠，雖遠必至也。豈用飾外以求比乎？飾外則內不足，巧言令色飾外，則內之仁不誠。誠信中實，雖他外皆當感而來從。外猶遠也，雖遠必至。來而從於我也。孚信，比之本也。本者，生生之根也。

【釋義】

有孚信且充滿，若盈缶然。缶，器物為空，初陰虛有缶象。盈，實也，陰處陽有實象；初六有「盈缶」之象。缶為瓦器，樸實無飾。盈缶者，內充實外樸實，以此來他人。樸實篤實，初雖未為人知，但終必有人親比於我。

有孚「无咎」，未必來人；若誠信滿滿，有盈缶之德，專心親比，示人無向他之心，則終能來遠人。「吉」比「无咎」又進一步，无咎只是己未過，未必能至於吉，充實有孚而至於「吉」。

虞翻、荀爽皆以為「有孚」指九五。虞翻：「孚謂五。初失位，變來得正，故无咎也。」荀爽：「初在應外，以喻殊俗，聖王之信，光被四表。絕域殊俗，皆來親比，故无咎也。」九五以中孚使眾陰歸附於他，義也可。程子云：「中

實者信之質，中虛者信之本也。」在比卦，陰以中虛也有孚信。

《象》曰：比之初六，有他吉也。

**【程傳】**

言比之初六者，比之道在乎始也。固本則吉。本不正則以巧令為親比，乃小人比昵，終失親比之義。始能有孚，則終致有他之吉。始有孚信，馴順之則有他終吉。致，招致。其始不誠，始不誠，則本不正；本不正，長之育之皆不正，故言終焉得吉。終焉得吉？上六之凶，由無首也。無首，初始不正也。

**【釋義】**

初能來人比親於己，因其初始便滿盈誠信，無二三之心，故能得他人之比親，成比義而吉。若以「巧言令色」比親於人，衷心鮮也仁，則失比道之本，安得有吉？

有他，九五與初六非正應，故說「有他」，自外來也。

六二：比之自內，貞吉。

**【程傳】**

二與五為正應，二五一陰一陽，為正應。皆得中正，處中得中，處正得正。中以公而不偏為德，正以守分不逾矩為德。程子常以處中則得正，中大於正。以中正之道相比者也。二五中正，皆含章內美，無需外飾，皆比之自內者。二處於內，自內謂由己也。由己之內美之德，順由之，自有來比者。擇才而用，雖在乎上，而以身許國，必由於己。許國乃行己志，隱顯在己，故必由於己。己以得君，道合而進，進德則能進爵，進爵則近於君。乃得正而吉也。得正，正應也；應之以德，不以巧令。以中正之道應上之求，儒有席上之珍以待聘，夙夜強學以待問，懷忠信以待舉，力行以待取。乃自內也，不自失也。應於上者，自有內美也。不失其內美，則必有應。汲汲以求比者，非以道合而比，巧媚求比也。非君子自重之道，為下之道，當修業待命，勿汲汲以求，自重也。君子有四重：「重言，重行，重貌，重好。言重則有法，行重則有德，貌重則有威，好重則有觀。」乃自失也。循外而求，自失也。

**【釋義】**

從爻位、爻德來說：二居內卦之中，體坤而順，柔順而正應於五，能比親於五，乃由二之中正之德，故言「比之自內」，比親乃自二之內美，二能比親於五，比由內也。

從親比次序來說：二五之比乃由二親比，二自內往外而親就於五，故云

「自內」。陰順陽而親比陽，乃比之正（貞）道，如小人就正於君子一般，故「貞吉」。

卦辭「後夫凶」，後來者凶；在比時，陰主動比陽為「正比」，陽主動親陰，非比之正道。貞吉：順其道而貞之，則吉也。

### 【補遺】

二之貞，非是正了，便一勞永逸歸正，需恒守其德，日日修它，能終其道則吉。大凡陰柔，易為外誘，故需時時恒常其德，方能抵禦外誘，而不自失也。

《象》曰：比之自內，不自失也。

### 【程傳】

守己中正之道，以待上之求，臣待君親比於己，如初之盈缶來他，也成一說。乃不自失也。自內中正，不自失也。《易》之為戒嚴密。二雖中正，質柔體順，質柔易附於他，體順易順於外，陰柔常由外不由內，故戒之。二處坤體，故曰體順。故有貞吉自失之戒。戒之自守，戒之當自守也，勿順外而自失。以待上之求，無乃涉後凶乎？涉及後夫所以致凶之道。曰：士之修己，士只是修己，其上達之路也只在修己，此古之學者為己也。乃求上之道；修己即所以求上。降志辱身，舍己之道而求合於上之道，以至於降其志，自辱其身。非自重之道也。故伊尹、武侯救天下之心非不切，必待禮至，君敬以禮，臣事以忠，先後次序不亂，履順也。然後出也。物有本末，事有先後。

### 【釋義】

陰比附陽，主動就陽而比親之，不失坤順之德，不自失也。二能以中正之德往親比九五，自內不由外，亦不自失也。親比之道，有孚於中也。

### 【補遺】

易象萬千，自有萬千個道理，然也只一個「易」。千人看易，有千個易，也只一個易、一個道理。人各自有一個易、一個道理，又散為萬千。一與萬，皆在我。自我傳之，自我承之，傳承自我也。

「彼」之本義為何，不可得而知。彼是文王之理，為孔子之理，則得之在文王、在孔子，非在我也。我所知者，修之在我、承之在我、履之在我者。

故，求彼之「是」，非傳承也，非傳道也，非中國正統之文化。求在我者，需裁成而後有得。有裁成，則有千萬個易，然易在我，又是一個道理。自我有得，方「不自失也」。

六三：比之匪人。

**【程傳】**

三不中正，非處下卦之中，不中；不居陰之正位，不正。不中則所行皆邪僻，不正則居處不安。而所比皆不中正。三之所比者，二與四也。二應於五，非三之所比；四陰柔，自不中正，故言四之所比皆不中正。四，陰柔而不中；程子常以不中為不正。自爻位言，四不中而正。二，存應而比初；存應，比五也。比初，比近於初。二應於五而比於初，二三其德，二自為不正。此程子隨時取義之說。皆不中正，匪人也。二四皆不中正，非三之應比之人。比於匪人，其失可知，悔吝不假言也，不假，不待、不借助之謂。故可傷。二之中正，而謂之匪人，隨時取義，就三之比而取義。就三而言，二應於五又比於初，非正德也。各不同也。在二則二為中正，在三則二為不中正。

**【釋義】**

比之匪人，自內、由己也。三自處不中不正，以不中正而比親於人，同類相求，同氣相應，所比者皆非正類，比之匪人也。

《象》曰：比之匪人，不亦傷乎？

**【程傳】**

人之相比，求安吉也，乃比於匪人，非其可親之人而親之，比之匪人也。必將反得悔吝，不能安吉，必反得悔吝。其亦可傷矣。深戒失所比也。比道，本在己之誠信；不以己之誠信親比於人，則所得也匪人，故云「失所比」。

**【釋義】**

比者，由己之誠信而近君子也，近君子則得安吉。比之匪人，西南得朋也；比之得人，東北喪朋也。陰離其類就陽為正比，正比則安吉。小人群聚，朋比為奸，自傷也。

六四：外比之，貞吉。

**【程傳】**

四與初不相應，而五比之，外比於五，乃得貞正而吉也。貞正者，比之正人、得比之正也。君臣相比，五為君，四為臣。正也。君臣相比，義正也。相比相與，與，輔也。相與，四輔五，五亦輔四。宜也。五，剛陽中正，賢也；居尊位在上也。親賢從上，四親五，親賢也；四居下而從五之上，從上也。比之正也，比以親賢從上為正。故為貞吉。貞，正也。比正而事順，貞吉也。以六居四，亦為得正之義。柔居正位。又陰柔不中之人，能比於剛明中正之賢，乃得正而吉也。不正而比親正者，比賢而修得

正也。又比賢從上，必以正道，則吉也。**數說相須，其義始備。**須，待也。相須，相互依存也。其義，比之義。備，周備。

**【釋義】**

一、四為內比，四、五為外比。外比之，四比五也。四柔順而居正，居臣位而遜順於君，陰親比於陽，柔順從於剛，小人比於君子，皆為「貞吉」。

**《象》曰：外比於賢，以從上也。**

**【程傳】**

**外比，謂從五也。五，剛明中正之賢，**陽為剛，居中正則為明。陽非一定為明，如乾之上九。**又居君位，四比之，是比賢且從上，所以吉也。**

**【釋義】**

外比之，非由己也。比賢，陰比中正之陽也。居下之四而比在上之五，臣比君，從上也。

**九五：顯比，王用三驅，失前禽，邑人不誡，吉。**

**【程傳】**

**五居君位，處中得正，**居五，處中，陽居剛位，得正。**盡比道之善者也。**我剛中而居尊位，天下皆比親於我，則我之比道廣且大矣，故程子言九五能「盡比道之善者。」**人君比天下之道，**親比天下之道，比至公至明至仁也。**當顯明其比道而已。**當顯明其比道之公也。**如誠意以待物，**安仁者行由諸己，必自內而誠意待物。利仁者非是，以仁為可利，從而比之，如曹操利孝以治天下。**恕己以及人，**恕者，如我之心也。如己之誠意，推及於人。**發政施仁，**此等誠意發見於政。**使天下蒙其惠澤，是人君親比天下之道也。如是，天下孰不親比於上？**親上之誠、恕、仁、惠。**若乃暴其小仁，**暴，有意高調顯揚。小仁者，私惠而利仁也。**違道干譽，**唯名譽是求，失天下之公，違道也。干，求也。**欲以求下之比，**非修己來人，暴顯小仁以求干譽。**其道亦狹矣，**道本自天地，廣也；違道，狹矣。**其能得天下之比乎？**其，暴小仁者。得天下之比，猶得天下之公。**故聖人以九五盡比道之正，**取剛中居尊以明「盡比道之正」。**取三驅為喻，**三面驅禽，開一面縱禽，以觀禽獸向背，向我者則赦免，背我者射殺之。**曰：「王用三驅，失前禽，邑人不誡，吉。」**失，赦免也；前禽者，向我之禽也。赦免其向我之禽，失前禽也。與程子解讀不同。**先王以四時之畋，不可廢也，故推其仁心，為三驅之禮，乃《禮》所謂天子不合圍也。**不合圍，即三驅之禮。**成湯祝網，**湯出，見野張網四面，祝曰：「自天下四方皆入吾網。」湯曰：「嘻，盡之矣！」乃去其三面，祝曰：「欲左，左。欲右，右。不用命，乃入吾網。」諸侯

聞之，曰：「湯德至矣，及禽獸。」是其義也。天子之畋，圍合其三面，前開一路，使之可去，程子以為背我而去之禽，則縱而不獵。不忍盡物，盡物，捕盡獵物。好生之仁也。只取其不用命者，不出而反入者也。不逃而反就於我者，則獵殺之，為其不用命也。禽獸前去者皆免矣，背我而前去者，用命者。故曰「失前禽」也。縱免用命之禽。王者顯明其比道，三驅之禮，顯明其王道之比，不言之教也：不用命者刑之，用命者懷之。天下自然來比。來我比親於我。來者撫之，固不煦煦然求比於物，煦煦，惠愛之貌。煦煦為人之強為，乃聲色之於化民，求人比我；不若「自然來比」，不言而教化自生。若田之三驅，禽之去者從而不追，去者，背我者。來者則取之也。來者，向我者。此王道之大，不言而民自化，乃見其道之廣大。所以其民皞皞，音 hào。皞皞，廣大自得之貌。孟子曰：「王者之民，皞皞如也。殺之而不怨，利之而不庸，民日遷善而不知為之者。夫君子所過者化，所存者神，上下與天地同流，豈曰小補之哉？」而莫知為之者也。即孟子所謂「民日遷善而不知為之者」。「邑人不誡吉」，言其至公不私，無遠邇親疏之別也。統言「邑人」，無遠近親疏之分，不區以別也，邑人皆能行「不誡」，見王之教化之廣大。邑者居邑，《易》中所言邑皆同。王者所都，諸侯國中也。國之正中為王都。誡，期約也。待物之一，不期誡於居邑，無有期約，邑人自能皆「不誡」如約也。教化如細雨潤物無聲，無聲無臭之教也。如是則吉也。聖人以大公無私治天下，於顯比見之矣。大公無私者，三驅失前禽而已，非別有它之教化。非惟人君比天下之道如此，大率人之相比莫不然。風行草偃，自然如此，不假勉強。以臣於君言之：竭其忠誠，致其才力，乃顯其比君之道也。臣道之比，竭忠盡力而已。用之與否，在君而已，不可阿諛逢迎，阿，比也，曲也。曲己從人為阿。諛，媚辭，諂也。求其比己也。在朋友亦然，修身誠意以待之，親己與否，在人而已，不可巧言令色，曲從苟合，曲己之道而從人之道，苟且一時以迎合他人之道。道以遇合，不以迎合，迎合者非比道之正也。以求人之比己也。於鄉黨親戚，於眾人，莫不皆然，三驅失前禽之義也。失前禽，天下仁道之公理。

**【釋義】**

顯者，耀其德也。五剛中以處尊位，為天下所望，明德在己而不已者，不得不顯，顯非干譽，顯以利天下，非耀己也。群陰親比九五之尊，九五顯其大公中正之道，施仁愛於歸我者，親比「前禽」就我者，顯比也。

「王用三驅，失前禽」。古代王者田獵，三面合圍驅趕獵物，留一面不圍，是為「王用三驅」。失，捨也；前禽者，向我之禽也。向我者捨，背我者殺。若獵物背己逃離，則追而射殺之；若獵物向己跑來，則捨之不殺，是為「失前禽」：放生前來就我之禽，縱之使去，以德懷物也。

「邑人不誡」，對於「失前禽」者，邑人也不誡圍而獵殺之。

王有「失前禽」，邑人則有「不誡」。君子之德風，小人之德草，草上之風必偃，王之德澤被及邑人：上行「失前禽」之仁，而下效「不誡」之風，王道之親比天下之風也。邑人，與王同邑之人。

顯比者，顯九五之比之道也。比親而就我，我則捨之，使其安居也。王者治天下，比親「失前禽」之仁道也。

《象》曰：顯比之吉，位正中也。

【程傳】

顯比所以吉者，以其所居之位得正中也。居處中正，比於人則中正，本正也。**處正中之地，乃由正中之道也。**由，順由也。居位便是行在位之道，居正則行正，故言「由」其所「處」。**比以不偏為善，故云正中。**不偏在己，偏則循人，在己則比為正，循人則比為不正。**凡言正中者，其處正得中也，**剛居正位，居正而得中，中乃居正所得。**《比》與《隨》是也。**比、隨兩卦，皆處正得中。**言中正者，得中與正也，訟與需是也。**訟、需得中與正。程子比較正中與中正之別。

【釋義】

九五明比道於天下，顯比也。顯比者，顯自內也，我自處正中，則行中正之道，人來就我，我親比之，我之中正之道得以顯也。能顯其比者，在我之正中不偏，故能顯示天下其比無私也。

舍逆取順，失前禽也。

【程傳】

**禮取不用命者，乃是順取逆也，**順取逆者：順天命者以取逆天命者。順取，順取天下，與下文順命之順不同。**順命而去者，皆免矣矣。**比以向背而言，向我而來者為比，背我而去者為不比也。以失前禽為例，向我者乃順命而去者，背我者乃逆命而來者。**謂去者為逆，來者為順也。**背離我為逆，向我來為順。此解讀又自相矛盾。按程子的解讀，當是去者為順，來者為逆。**故所失者，前去之禽也，**與孔穎達不同，朱熹也沿襲程子之說。**言來者撫之，去者不追也。**程子折衷孔氏與自己之義。

【釋義】

孔穎達：「禽逆來向己者，則捨之而不害，禽順去背己而走者，則射而取之，是失前禽也。」捨，捨棄也；逆，向我而來。取，獵殺也；順，背我而逃。前禽，逆向我之禽。與程子解讀有異，用孔穎達之說。

邑人不誡，上使中也。

**【程傳】**

**不期誠於親近**，不期誠於親近而有誠之效，乃居上者素常行由中道也。**上之使下，中平不偏**，中，不私也；平，普施而公也；不偏，不黨也。**遠近如一也**。不親近而疏遠。上之使下之道，當如是也——中平不偏，遠近如一。

**【釋義】**

上以中正之道敦化風俗，邑人咸皆感化，勿需告誡，邑人便皆縱放前禽而不獵殺。誡，誡告也，誡告勿獵殺前禽。不誡，居上者並無頒布勿獵殺前禽之令，而邑人皆能自遵循，不教而自化，上使中道也。

使中，行中道也。中道者，公而無私，周而不偏。

上六：比之無首，凶。

**【程傳】**

**六居上，比之終也**。爻位在一卦之終。**首謂始也**。比之初始無篤信，無首也。**凡比之道，其始善則其終善矣**。有本則有末，常道也。**有其始而無其終者，或有矣**；不能篤厚其志。**未有無其始而有終者也**。本不正，末必不正。**故比之無首，至終則凶也**。無首善，必凶也。**此據比終而言**。由終之凶而言首不可不正，正本也。**然上六陰柔不中，處險之極，固非克終者也**。柔固非能篤志不改，況又居不中乎？固，本也；克，能也；終，持守至終也。**始比不以道**，親比之始不篤厚於誠信。**隙於終者**，則終必生嫌疑而關係有隙矣。**天下多矣**。

**【釋義】**

以無首之德比親天下，比之無首也。無首而比，必凶也。

九五為群陰之首，下四陰能比附之而尊之為首，乃親比九五剛中之德。剛中之德，比之首也。

上六陰居極上，不中不正，何以能為眾陰之首？本無中正之德，又不親比中正，無首也，其道必至於窮凶。

程子：首謂始也。王注云：首為先。無首，不先而後來，後來者為「後夫」，以「無首」而比於人，無德則孤，比義喪失，固其凶也。

《象》曰：比之無首，無所終也。

**【程傳】**

**比既無首，何所終乎？**終不以善，終而不安，不可謂終。相比有首，猶或終違。

有首善未必能終善。**始不以道，終復何保？**無首必無終；首無善，終必無善。**故曰無所終也。**比正則有歸，比非其道，終無所歸也。終，常以終得正為終，終而不能得正，處之不安，不可謂終。

## 【釋義】

中無孚信而比之，無首也；不能比親而安寧，無終也。首無孚信，終無安寧，道斯窮矣。

## 【小結】

比者，比德也。孟母三遷、里仁為美、親仁近賢、有朋自遠方來，比德也。比德若不及，「見善如不及」，故後夫凶。比德而後能安，安而後能吉。陰親附於陽，柔親附於剛，小人親附於君子，君子以中正之德親附天下而為天下之正，比之道也。陰有孚信，陽有中正，故能成比。初六盈缶來他，信篤實也；六二比之自內，比不自外也；六四外比則吉，比賢也。唯獨六三匪人、上六無首不吉，二者皆由己不中不正，故不能成比之道。故比道，由內不由外，孚信在己，德不孤必有鄰，比德而親則成比義。

## ䷈ 小畜卦第九　乾下巽上

### 【程傳】

小畜，《序卦》：「比必有所畜，群陰比陽，必為陽所畜。**故受之以小畜。**受猶承也。」物相比附則為聚，陰比附於陽則志同於陽，如此方能有聚。**聚，畜也。**聚必有主者，有主則有畜與被畜者。**又相親比，則志相畜，**親比則志同，故言志相畜也。志相畜，志相輔也。**小畜所以次比也。畜，止也，**內止於分內，外止於依仁；必內外相須而後言止，猶君子修德進業，必也待時而行。**止則聚矣。**所止之道通，則聚也。**為卦，巽上乾下，乾在上之物，乃居巽下。**剛卑居下，有被畜之象。**夫畜止剛健，莫如巽順，**柔畜剛，地畜天，巽順剛之道而後能畜剛，因剛健獨立，非能依附於陰柔者。**為巽所畜，**巽順之而後畜之。**故為畜也。**非剛就柔而被畜，乃柔就剛而為柔所畜。**然巽，陰也，其體柔順，**柔、順皆以就他物而言，非能自立。**唯能以巽順柔其剛健，非能力止之也，畜道之小者也。**柔畜止剛，能係不能固，畜道之小者。**又四以一陰得位，**得位，正位居上也。**為五陽所說，**說同悅。五陽親比一陰而悅。**得位得柔，**陰得位則得柔。得柔，謂能行柔順之道，陰以順巽於陽為得柔。**巽之道也；能畜群陽之志，**陰畜陽志，乃能使陽在陰柔處行其志，譬如武則天能使眾大臣盡職，女經理能使眾男下屬發揮其潛力。**是以為畜也。小畜謂以小畜大，**陰小陽大，故如此說。**所畜聚者小，所畜之事小，以陰故也。**陰不能畜大。《象

專以六四畜諸陽為成卦之義，不言二體，蓋舉其重者。

【釋義】

畜，聚而止也。物比則有聚、親則能止，陽剛聚而止於陰柔，為陰柔所畜，為小畜。

從卦體看，乾健上行，巽順下來；「健」比親於「順」，「順」親附於「健」，相親相止成畜聚。

從爻象看，陽大陰小，一陰畜五陽，以小畜大，以柔畜剛，能繫五陽而不能固畜之。

陰柔本非剛健之止所，且巽為雲，也非能常存之物，風行天上，故所畜者時短，非能久固恒常，也為小畜之義。若兩陰畜四陽，艮止畜乾健，能係且能固，則為大畜。

互卦兌離，陰柔麗附、悅順於陽剛，虛己以自成文明，也為小畜之義。

## 小畜：亨。密雲不雨，自我西郊。

【程傳】

雲，陰陽之氣。雲象畜聚，陰陽聚而成雲。二氣交而和則相畜，固而成雨，固，交固。陰陽和融，則交固。陽倡而陰和，陰輔陽。順也，故和。若陰先陽倡，陰不能生物，陰倡先，不生也。不順也，故不和，不和則不能成雨。陰倡先而陽隨之，非常道，故不能成雨。雲之畜聚雖密，而不成雨者，自西郊故也。自西郊，陰倡先也。東北，艮位。陽方。西南，坤位。陰方。自陰倡，自西郊也。故不和而不能成雨。以人觀之，雲氣之興，皆自四遠，故云郊。據四而言，故云「自我」。畜陽者，陰也，為六四。四畜之主也。四，六四。六四為小畜主爻。

【釋義】

小畜之亨，非陰陽交而通暢，乃陰陽親比而成亨道。

陽親比陰，非止於陰所，二五陽剛處中正，志得而能行，自是順其剛健之性而上行不息，不因四之小畜而止，故成雲不成雨，陰畜力不足也。

一陰畜五陽，陰弱陽強，陰只能繫附著陽而行，不能畜止之，故小畜之「行」乃為「密雲」之動。「密雲」之動乃是陽剛所為，陰附著陽剛而行，不能固止陽而成大畜，蓄積不夠，不能成雨。

二三四互體成兌，兌在西，郊在外，四在外卦之下而密近於內，西郊之象。我為六四，發動者在我，自我也。自我，陰柔先倡也。陰自西郊來而先倡，自

處不正而失其順，不正則不和，不和則不能成雨。

《彖》曰：小畜，柔得位而上下應之，曰小畜。

【程傳】

言成卦之義也。小畜成卦之義在「柔得位而上下應之」。以陰居四，又處上位，柔得位也；柔處正居上。上下五陽皆應之，應其所畜之志。譬如募兵，四方皆來應之。為所畜也。以一陰而畜五陽，能繫而不能固，繫，繫縛，自外也，故暫而不能固。能繫縛卻不能固牢，所畜者不能盡為我用，不能與我同體共志。是以為小畜也。《彖》解成卦之義，而加「曰」字者，「曰小畜」。皆重卦名，《彖》提及「小畜」兩次，重言卦名。文勢當然。脫口而出，自然而然。單名卦，卦名僅一字。惟革有「曰」字，「革，水火相息，二女同居，其志不相得，曰革。」亦文勢然也。

【釋義】

柔居正位，次於五而居上，柔得位也；一陰畜五陽，上下應之也。

柔雖得位，但一畜五、陰畜陽，所畜勢必不能大也不能固，陰又不能倡先，為小畜。

陰之為物，不能篤志，且以柔順於外為常，所畜之志皆非自內，如愛慕他人，雖畜養其人，但順從愛慕者，非能使所畜者篤志向己，故只能暫繫於人，非能久固其心。

健而巽，剛中而志行，乃亨。

【程傳】

以卦才言也。「健而巽，剛中而志行」，八字言卦才。內健而外巽，危行言遜。健而能巽也。健為修己不怠，巽乃和處於眾，健巽乃是中道。二五居中，剛中也。剛處中位而不偏，不亢不卑。此處講「卑」非指「謙卑」，乃是屈從於人。畜之陽只是行己道，非曲己從人，故言不卑。陽性上進，下復乾體，志在於行也。此是它不卑屈處：三剛並行而處健體。剛居中為剛而得中，其才剛又得中位。又為中剛。居中之剛健之才。言畜陽則以柔巽，以柔巽之道畜陽。言能亨則由剛中。順由剛中之道而致亨。以成卦之義言，則為陰畜陽；以成卦言，則分為兩事，陽主健，陰主畜。以卦才言，則陽為剛中。以卦才言，健為陽，巽也為陽，健而巽也。才如是，剛健之才不為困阻，其才如是也。故畜雖小而能亨也。剛健暢則亨。

【釋義】

卦分內外，常以內卦為主，外卦為輔，如爻之生，也自內始，有根本而後有枝葉。

如屯卦，震內為主，險外為輔，生而難，落在生上。師卦，內險為主，師固為險事。需卦，健內險外，不健不足以涉大川，故主在健。履卦，內悅外健，禮主於和悅。比卦，內坤外坎，順陽為比。

小畜卦，剛健於內，柔巽於外，剛健為主、柔巽為輔，所畜者乃為剛健，畜之小也因剛健不可為陰柔所固畜。陰之畜陽只能小有所畜，終不得畜止剛健，「密雲不雨，尚往也」。

小畜卦，剛健為主，陰柔為輔：剛以健往，柔以巽順，健而巽也。兩剛處上下之中，陽得志而行，健所以為主也。

剛健之道不可畜止，自下而上，往而不止，剛而不屈，乃成小畜之亨。

**【補遺】**

小畜之亨，落在五陽：「健」、「剛中」、「志行」，皆以陽剛健行不止為亨，非以陰柔畜止陽剛為亨。柔畜止陽，又不能成雨，如何能亨？

**密雲不雨，尚往也；自我西郊，施未行也。**

**【程傳】**

畜道不能成大，如密雲而不成雨。陰陽交而和，則相固而成雨。相固，相畜止。二氣不和，陰欲止陽，陽則尚往不止息於陰所，志欲不同也。陽尚往而上，不止於四，往而上也。故不成雨。蓋自我陰方之氣先倡，不順天道。故不和而不能成雨，其功施未行也。小畜之不能成大，皆由陰倡。猶西郊之雲不能成雨也。

**【釋義】**

下三陽往上應六四，成「密雲」之態；唯九三被畜止，初、二都健行不息，不為四所畜，陽氣蓄積不足，故「不雨」。

蓋陽之志不在被陰所畜，「尚往」也。尚，上也；自下上行為往。陽不為陰所畜留，「尚往」而行其志，有往而不止之意，三陽在四處暫時停息，然又不止其進，故言「尚往」。

陰以坤順居後為德，先倡則失德，與陽不能和合，亦不為雨。

欲施澤而未成雨，膏澤未能施行，因陰柔先倡，自我西郊也。

**《象》曰：風行天上，小畜，君子以懿文德。**

**【程傳】**

乾之剛健，而為巽所畜。夫剛健之性，惟柔順為能畜止之；巽風雖柔順，也不可固畜，風非止息之物也。大畜則不然，上艮下乾，艮乃止息之物，故能止息天。雖可以畜

止之，然非能固制其剛健也，固，固其繫也；制，制約、駕馭也。但柔順以擾繫之耳，「擾繫」對應「固制」，意相反。程子在小畜中用「擾」字，與「志」相反，同志之反面為擾。擾，馴也；擾繫，馴而繫縛之，然只能繫縛，不能固之。繫，繫縛。非指陰繫縛於陽，使陽屈從於己，乃己繫縛於陽之尾，順從之。或，「擾」為柔弱、順從。《書・皋陶謨》：「擾而毅」，義似更為佳。六四為巽體，固當順巽於剛，若作「馴」解，則非巽順之義。故為小畜也。君子觀小畜之義，風行天上，風以「雲朵」懿美天。以懿美其文德。畜聚為　畜之義。君子所　畜者，大則道德經綸之業，以道德經綸天下，德治也。小則文章才藝。文章才藝皆以修其行止。君子行止於外而有禮儀，為文章。君子觀小畜之象，以懿美其文德，雲文天，德文人。文德方之道義為小也。文飾「德方」之「道義」，為畜之小也。或斷句為「文德方之道，義為小也。」其義為小也。所謂小，言只能文飾，不能成質。

### 【釋義】

風行天上，密雲之象，風有不住之性，不能固畜物，為小畜。君子觀之，思以學禮，以懿美其文德。

懿，美好。文，禮也。德以禮出之，懿其文德也。孟懿子問孝，子曰「無違。」君子行孝，「無違」於禮，懿其孝也。

### 【補遺】

「風行天上」，後文有「懿文德」，可知象傳未從「風」蓄物之性下手，只就「風行」二字上著力。「風行天上」，成萬千朵雲紋狀，雲紋能文飾天，「象曰」由此起興。君子反求諸己，觀雲懿美天，思「以懿文德」。

## 初九：復自道，何其咎？吉。

### 【程傳】

初九陽爻而乾體。內三爻為乾，剛居正又乾體，健之又健，故不為陰柔所繫縛。陽，在上之物，陽為乾類，性當為在上之物。又剛健之才，足以上進，而復與在上同志，同其志。與在上者同有上行之志。其進復於上，復歸於上行之志。上，上行。乃其道也，乃：又，復，猶「仍」。乃其道，復其剛健之道。故云「復自道」。自道：自行其剛健之道，初之道本剛健，剛健者不繫，自能反己，故言自復。復既自道，獨立自行其道。何過咎之有？剛道獨立，自无咎也。无咎而又有吉也。吉自无咎來，復雲无咎又有吉，則「吉」自外非自，然自立正，則外事之順可以期之也。諸爻言无咎者，如是則无咎矣，如是，如是而復自道，則无咎也。故云无咎者善補過也。无咎，行己無過咎也。補過，復自道也。雖使爻義本善，亦不害於不如是則有咎之義。初九乃由其道而行，由剛健之道而

行。無有過咎，故云「何其咎」，无咎之甚明也。

**【釋義】**

初剛居正，又為健體，健進不息而不為四所畜，因之它能從親比陰中幡然改過，脫其繫縛，復其正道而尚往也。

初復歸於正，過而能改，不遠而復，何其咎也！行其分內，於己无咎，歸正則吉。

《象》曰：復自道，其義吉也。

**【程傳】**

陽剛之才，由其道而復其義，吉也。初與四為正應，在畜時乃相畜者也。

**【釋義】**

象曰「復自道，其義吉也」，細辨爻辭「復自道，何其咎？吉。」二者還是有別。

爻辭有「咎」、有「吉」，象只就初復貞守其道，不待事之成否，嘉其義為「吉」。象之「吉」，略如「好」、「正確」，未含事之「順」否。程子說：「无咎而又有吉。」也區分了咎、吉。

凶、吉兩字，一般就事後而言，孔子此處褒獎道義為「吉」——有道義而後事得其正，無道義事雖順而終不吉，嘉美其義吉，孔子之易也。

九二：牽復吉。

**【程傳】**

二以陽居下體之中，二以陽，言剛居柔位。居中，言不偏倚而不失其剛健之性。下體，下卦之健體，故有尚往之性。五以陽居上體之中，五以陽，言剛居正位。上體，上卦之巽體也。皆以陽剛居中，為陰所畜，俱欲上復。上復者，健行不息而復其剛正。上，言健行不息。復，復歸剛正也。五雖在四上，而為其所畜則同，是同志者也。二、五同志也。夫同患相憂，二五同志，皆剛中並進，故曰同志。故相牽連而復。程子以為二五同志，故有牽復之行。二陽並進，則陰不能勝，四不能畜止二五健行之志。得遂其復矣，故吉也。曰：遂其復，則離畜矣乎？既復其剛正之志，則不得為四所畜，故云離畜。曰：凡爻之辭，皆謂如是則可以如是，若已然，則時已變矣，尚何教誡乎？若二已為四所畜止，則何能牽復而吉也？故戒之「牽復吉」，謂尚未然也。五為巽體，五居巽卦之中，為巽體，謂五剛中而能巽順。巽畜於乾，而反與二相牽，何也？曰：舉二體而言，則巽畜乎乾；全卦而言，則一陰畜五陽也。牽復，指兩爻之間，非指二體。

在《易》隨時取義，皆如此也。

### 【釋義】

牽復者，二牽連於初而與之同復歸其正。

九二所復剛正，雖有外力之助，然復歸於正，於義吉也。朱熹：「三陽志同，而九二漸近於陰，以其剛中，故能與初九牽連而復，亦吉道也。」五與四鄰近，勢不得越過四而牽復於二。

牽，牽連也；初、二比鄰，能牽連並進而歸於正，褒之曰「吉」。九二剛中，剛能健進，中則不過，居其正位而貞固之，不為陰柔繫縛，故能與初牽連並歸於正。

### 【補遺】

程子云「牽復」乃上與五同志並進，九五異體，自有卑異於下之義。然此處之「復」乃指九二，陽之「復」本自有從下之義，如《復》之一陽來初，故九二之復，義當與初牽連並進。復本有復生、回頭諸義，復其故往，當從下、從舊、從初也。

況，就同志而言，小畜五陽皆為同志，初二為同志，何為不可？不可獨言二五為同志也。

## 《象》曰：牽復在中，亦不自失也。

### 【程傳】

二，居中得正者也，九二因居中而得其剛正，若不居中，剛居柔則剛性易失。**剛柔進退，不失乎中道也。**健體而剛，則進；居柔處下，則退，進退相制，不失中道也。**陽之復，其勢必強。二以處中，故雖強於進，亦不至於過剛，**處柔也是不過剛也。**過剛乃自失也。爻止言牽復而吉之義，**止猶只。**象復發明其在中之美。**發明，發其餘蘊而明之。爻辭只及「牽復」，未及「在中」，象增補之，前聖後聖相續也。

### 【釋義】

九二牽復，非如初九能自復。牽復則有外力相助，牽而易逐於外，易迷失其性，然因九二能居中，處中不偏，不為外牽所奪，亦不自失也。程子以為二不過剛，亦不自失也，義也通。

### 【補遺】

牽復在中，由己不由人也。九二雖為牽而復正，然陽剛復正，固在其衷心所願，非牽由他道，故不自失也。牽復在中，義猶佛家過河捨舟。「牽」只是

暫行之舟，然本心有「復」（佛），自有立根之本，豈有失道乎？

九三：輿說輻，夫妻反目。

**【程傳】**

三以陽爻，居不得中，而密比於四，陰陽之情，相求也。又昵比而不中，昵比，親外也；不中，自處不正。**為陰畜制者也**，制，為所制。三為四所畜而止其進。失其正而為人所制。若己能正立，外人焉能乘隙而制之？**故不能前進**，為陰所畜止，失其剛健也。**猶車輿說去輪輻，言不能行也。夫妻反目，陰制於陽者也，今反制陽，如夫妻之反目也。反目謂怒目相視，不順其夫，而反制之也。婦人為夫寵惑**，惑，心無主。寵惑，寵誘於外而不知反本。**既而遂反制其夫，未有夫不失道而妻能制之者也。**輿脫輻，自失其健行之道。**故說輻反目，三自為也。**

**【釋義】**

輿，大夫之行具，非大夫不得乘輿。九三居下之上，乃大夫之位，故得乘輿。輿以行，象陽之剛健。

說同脫。輿脫輻，輿自脫輻，輿為主「脫」者。三為四畜養，自止息其剛健，輿自脫輻，猶初之復自道，皆自為之。

九三剛居正，且處健體之上，在他卦本過剛而亢進，然處小畜之時，親比於六四，自處不中正，故悅馳於外不能自反，自家脫輻不進，放息其剛健。六四畜止之，使陽順從陰，大違坤順之道，故三怒而反目，既脫且反，都是他做的，故程子說：「說輻反目，三自為也。」三悅四而自說輻，怒為四所制，自反目，一併做了。

九三「夫妻反目」，皆是陽剛不能正室，自處不正所至，從「輿脫輻」馴至「夫妻反目」，自然而然，亦必至於此。推究其因皆在「輿脫輻」，不能自正而正室，豈能齊一家？

**【補遺】**

九三體健而剛居正，過亢也，又密近於四；四陰柔居正，又巽體且承三，其繫縛力必強大；在畜時，兩強相遇，繫縛強如夫婦，三過亢尚往，脫繫又強，故九三復正之路必有仇對之舉，夫妻反目也。

《象》曰：夫妻反目，不能正室也。

**【程傳】**

夫妻反目，蓋由不能正其室家也。欲齊家，先正室；欲正室，先正身。九三不

中，不能正己，則不能正室。本不正，未有末正者。**三自處不以道**，三從四，陽親比陰，故云自處不以道。三之道，本當剛健，被四所畜，失其道也。**故四得制之不使進**，三失其道，故四方得以制之。制，約束。**猶夫不能正其室家**，正其室，而後正其家。**故致反目也。**

【釋義】

夫正以正婦，正室也。四陰柔居上，畜止九三，三居下而不能率正於四，猶夫妻反目，陰不順陽，妻不順夫，不能正室也。

三剛而不中，悅六四而受其畜止，自脫其輻而失陽剛之道，婦反為先倡，婦制夫也。夫悅婦而居後於婦，不能正婦，治家之道失也。

六四：有孚，血去惕出，无咎。

【程傳】

四於畜時處近君之位，畜君者也。臣以其道畜其君。**若內有孚誠**，敬於事而忠於道，臣之孚誠也。**則五志信之**，五信從四，非私意信之，乃其剛中之志信從之，志合也。**從其畜也。**君從臣畜，信而任之也。卦獨一陰，畜眾陽者也，諸陽之志繫乎四。四苟欲以力畜之，不順陽而畜之。**則一柔敵眾剛，必見傷害；唯盡其孚誠以應之**，四柔居正，不失其正，盡其孚誠也。應之者，應陽之道也。**則可以感之矣。**盡己則可感人。**故其傷害遠**，血去。其危懼免也。惕出。**如此，則可以无咎。**盡己則无咎，无咎非指必免於傷害。**不然，則不免乎害矣。此以柔畜剛之道也。以人君之威嚴，而微細之臣有能畜止其欲者，蓋有孚信以感之也。**

【釋義】

四異體，柔居正，互體離，巽順而麗附於上下之陽，純粹陰也，故有孚信之象。

一陰畜眾陽，一柔敵眾剛，又居近君之位，若以力畜止之，必見傷害而有憂懼之心。傷害，血也；憂懼，惕也。以至誠之心畜止眾陽，血去惕出也。

居正位而盡至誠，在己則无咎。

《易》所言「无咎」，責在己者，盡己之誠而已，非指遠離傷害為无咎。

【補遺】

一柔力畜眾剛，不能抗，必自傷而有血。若以至誠待之，麗附而柔遜於剛，則血去。

《象》曰：有孚惕出，上合志也。

**【程傳】**

四既有孚，則五信任之，與之合志，所以得惕出而无咎也。四居近君之危地，惕懼之所生，然盡其孚誠而為君信任之，則惕出也。**惕出則血去可知，**惕，險在內；血，災自外。君臣安處，內外之險皆除，惕出血去也。**舉其輕者也。五既合志，**五專信於四，尊崇之，君臣合志也。**眾陽皆從之矣。**

**【釋義】**

四柔居正為巽體，柔順而卑遜，有孚之象也。一陰居二陽之下，離體而附繫於陽，又能巽順之，得二陽之鼎助，惕出而上合志也。

上者上行也，四修德進業，上行而聘用於君。合志，四以孚信，巽順於五、上，與二陽之志相合。

四要應二陽以合陽之志，非謂二陽欲下行以合陰之志，如此則陽順陰，非常道；故就六四而言為「上合」，四需上行而合陽之志。君臣之間，必是臣修德進業，能合於君上用人之道，方為君所聘用。夫子言「為政以德，居其所而眾星共之。」君居其所成其德，眾臣上行而共之，以合君之道。

惕出，一陰畜止三陽之進，必畏懼而惕，然誠信滿滿，又上合志，故能惕出。

**九五：有孚攣如，富以其鄰。**

**【程傳】**

小畜，眾陽為陰所畜之時也。五以中正居尊位，而有孚信，中正自有孚信：中則不偏，不偏則有公信；正則居位，居位則稱職而孚信於下。凡言「居位」，皆指能盡其責、稱其職、成其事，與「尸居」相反。**則其類皆應之矣，**其類，餘四陽也。**故曰「攣如」，謂牽連相從也。五必援挽，**五居尊位，以援挽四陽：不足者援之，後進者挽之。**與之相濟，**相濟，相與援挽而共濟。**是富以其鄰也。**援挽其鄰而與之共富。**五以居尊位之勢，如富者推其財力，與鄰比共之也。**鄰以近言、比以親言；鄰比，鄰近者、比親者。共之，共享其富也。君子為小人所困，正人為群邪所厄，則在下者必攀挽於上，期於同進；在上者必援引於下，與之戮力，協力。非獨推己力以及人也，己推力於人，人亦推力於己，互資而成共富。固資在下之助以成其力耳。富以其鄰，互助也。富者，因比鄰同志而富也。

**【釋義】**

攣如，繫也，連也，牽合也。攣，本意手腳等蜷曲不能伸開，故有與眾相

牽而不可解之義，象聚合之深也。

九五與上九、六四能合其志，相牽而攣如也；又能與下三陽有同進之志，亦為攣如。九五所以能攣如而聚合眾爻，乃是剛居中正，有孚信之象，且處巽體，巽而能順從眾志，固能使得眾爻攣如相連。

九五既能攣如，則其富非獨富於己，必能富以其鄰，剛立不私，居中不偏，攣如共富也。

《象》曰：有孚攣如，不獨富也。

**【程傳】**

有孚攣如，孚信而能團聚眾人。有眾而後有攣。蓋其鄰類皆牽攣而從之，與眾同欲，不獨有其富也。不有而成共有。上施其財，下盡其力，不獨富也。君子之處難厄，唯其至誠，九五大中至正，為至誠；至誠則能動人，使鄰攣如從己。故得眾力之助，而能濟其眾也。

**【釋義】**

剛中，中實有孚，有孚者必能來眾，有孚攣如也。攣如，聚眾之象。能聚眾者，必非利己，將以利眾，不獨富也。九五推公心於天下，不私其富，能與來眾同此心同此欲，與眾樂樂，與眾富富，不獨富也。

上九：既雨既處，尚德載，婦貞厲。月幾望，君子征凶。

**【程傳】**

九以巽順之極，九處巽卦之上，與四交合而既雨既處，巽順之極也。居卦之上，處畜之終，上為終。從畜而止者也，從四所畜而止於四所。為四所止也。既雨，和也。陰陽和則雨。既處，止也。安處於為四所畜，止也。陰之畜陽，不和則不能止。猶男女之結夫婦。既和而止，和者，既雨也；止者，既處也。畜之道成矣。陽止於陰而成雨，畜道成也。大畜畜之大，故極而散。大畜上九：「何天之衢亨」，以道亨為言。道，形而上者，故言「極而散」。散者，陰陽散、有形之物散也。小畜畜之小，故極而成。成物也。陰以成物為志，小畜陰畜陽，只能成物。尚德載，四用柔巽之德，積滿而至於成也。積滿陽剛之力而成物。陰柔之畜剛，非一朝一夕能成，如地之生物一般，四季漸進而成。由積累而至，可不戒乎？載，積滿也。四載三、五、上而積滿。詩云「厥聲載路。」聲大而盈滿於路。婦貞厲，婦謂陰；以陰而畜陽，以柔而制剛，婦若貞固守此，婦若畜陽制剛而貞固之，則危厲也。危厲之道也。安有婦制其夫，臣制其君，而能安者乎？

月望，望，滿也。則與日敵矣。勢均為敵。與日敵，不柔順於日。幾望，言其盛將敵也。陰已能畜陽，而云幾望，何也？此以柔巽畜其志也，畜陽志也。非力能制也。然不已，不已其畜陽之志，必將至於月望而敵日。則將盛於陽而凶矣。於幾望而為之戒曰：婦將敵矣，與夫力相當，獨立而不依附於夫。君子動則凶也。君子無小人依附，如縣長無子民，政令所下皆不能成事，動則凶也。君子謂陽。征，動也。君子行其道也。月幾望，君子當晦德言遜以自保。幾望將盈之時，若已望，若已至滿月。則陽已消矣，尚何戒乎？將望而未望，故戒之。

【釋義】

上九處巽極而畜止於六四，陰陽交合而有雨，既雨也，以行其陰陽交合之道；畜止於四而不進，既處也，陰陽合以安其居。既雨既處，道行而居安，小畜之道成也。

能既雨既處者，唯有德者居之，尚德載也。

四畜上，承上而有載，尚德載也。尚，崇尚也。載，負重也；四以重負為德；負重，即四畜止上也；四承上畜止之，畜道成，德載也。

四若不能尚德載，則不能畜止上九而既雨既處。

尚德載，婦貞也；婦德載而貞，雖正也厲。

婦謂四也；柔居正位，貞也；陰畜陽，先倡也，則厲。

望，月滿也；月幾望，幾近滿月，陰盛也。四畜三、五、上，陰近極盛，如月之幾望。

征，遠行也，君子征，喻君子有所作為、行其道。月幾望時，小人當道，君子道消，陽不可行其道，君子當卷而懷之，危行言遜，征則凶也。

上九居小畜之終，畜道之成，為四所畜，畜止於此，不得行其道而征也。

《象》曰：既雨既處，德積載也。君子征凶，有所疑也。

【程傳】

既雨既處，言畜道積滿而成也。陰將盛極，君子動則有凶也。陰敵陽則必消陽，小人抗君子則必害君子，安得不疑慮乎？疑者，欲行而止，慎也。若前知疑慮而警懼，求所以制之，制小人之已望也。則不至於凶矣。不為陰所制。

【釋義】

陰積蓄巽順之德，而能承陽使之「既雨既處」，德積載也。載，謂陰能承陽而畜止之，成雨而使陽處之不進，方為「載」。陽既然已為陰所畜止，則不

宜進，故君子征凶。剛健之志被畜止，安處於陰所，志不在進，進則有所疑也。

【小結】

小畜所以亨者，陽尚往，直道而不阻，故言亨也。陰但能繫不能固陽，為小畜。

## ䷉履卦第十　兌下乾上

【程傳】

履，《序卦》：「物畜然後有禮，物畜聚則有群，有群則當別之以禮，然後有尊卑上下之序。故受之以履。」履者，履序以行也。夫物之聚則有大小之別，高下之等，美惡之分，是物畜然後有禮，禮者，定名分以禁暴制亂。履所以繼畜也。

履，禮也。履禮以行，不履非禮，非人道也。禮，人之所履也。人必由之路也，誰能出不由禮乎？為卦，天上澤下。尊高而卑，履順也。天而在上，天為在上之物而在上，處正也。澤而處下，澤為在下之物而在下，處順也。上下之分，尊卑之義，理之當也，禮之本也，常履之道也，素習之道，人所必由之戶，上則為上，下則為下，上下分別而不亂，常履之道也。故為履。

履，踐也，藉也。履物為踐，履於物為藉。被物所履為藉。以柔藉剛，藉者，借助也。不言踐而言藉，謙之也。《戰國策》：「藉兵乞食於西周。」以柔藉剛：柔借助於剛，不改剛之則，柔行於剛，從剛之則，柔藉剛也。故為履也。禮以敬為柔，不改其則為剛，故程子以「以柔藉剛」為「履」。不曰剛履柔，而曰柔履剛者，剛乘柔，常理不足道。常行之理，無需言。故《易》中唯言柔乘剛，不言剛乘柔也。言履藉於剛，藉，借助。履者，柔藉剛，柔借助剛，悅順而不逾則。不逾則，所以藉剛也。順於則，恭而有禮也。悅順，柔也；則，剛也。乃見卑順說應之義。卑、順、說、應，皆言六三或兌。卑順於剛，悅應於剛。

【釋義】

畜積則物聚，物聚必生亂。大小、高下、貴賤、親疏、尊卑、長幼雜處而無序，故當理亂成序。禮者，所以正序理亂也，履其序而正其亂，履禮以正物。

人履禮以行，五倫定而上下安，百姓安居樂業，故履者，文明之道也。履，互卦巽離，巽順於文明。

為卦，內兌外乾，柔藉剛，內以柔順，外以行剛，剛以柔出，遂順而不改其則。離巽互體，文明以順，恭而謙行，無所不順，履也。

履虎尾，不咥人，亨。

**【程傳】**

**履，履禮，謙順之道。**謙以自卑，順以從物。**人所履之道也。**履禮為人所必由，不由非人也。孰能出不由戶，何莫由斯道也。**天在上而澤處下，**天上澤下，正序而順，履禮也。**以柔履藉於剛，**一陰居五陽之間，上承下乘，柔履藉於剛。下兌上剛，亦為柔履藉於剛。**上下各得其義，**下以兌悅，上以乾行，履虎尾而順隨之，剛不失其剛，柔不失其柔，上下各得其義也。**事之至順，理之至當也。**八字釋「上下各得其義」：事順則成，理當則達。**人之履行如此，雖履至危之地，亦無所害。**敬順則無害。**故履虎尾而不見咥齧，**以順也。咥，dié，咬、齧。**所以能亨也。**剛柔不失其道，所以亨也。

**【釋義】**

履者，剛以柔行也。履虎尾，柔藉剛也；敬而順行，不逆虎威。言虎尾者，巽順於剛而慎行於後，柔巽尾隨，不敢為先，虎全其剛猛之性，故不咥人。不咥人者，柔居後，謙順自處，不犯剛而行，躡剛居後，故不為虎所咥。柔居後，履剛之道也，巽順於陽，不敢行先而隨後，履行其正，故得其亨。

為卦，一陰處五陽之中，上承陽而下乘剛，承則柔順以藉，乘則履險而進，履虎尾之象。涉危地，柔順以從，慎行於險後，不犯難而冒進，居處恭執事敬，履虎尾之道。

**【補遺】**

程子言「柔藉於剛」，剛為則，柔以行之，非是用陰柔之則行之。卦象乾在上，兌在下，少女隨父而行於後，順父之則，柔藉剛也。藉，在此處有「從後」之意。

《彖》曰：履，柔履剛也。說而應乎乾，是以履虎尾，不咥人，亨。

**【程傳】**

**兌以陰柔，履藉乾之陽剛，柔履剛也。**柔履剛，順遜而後於剛。**兌以說順應乎乾剛而履藉之，**說順：順而後於乾剛，自衷心也。衷心順後而應於乾剛，則履虎不咥。**下順乎上，**正序，履禮也。**陰承乎陽，**奉命任勞為「承」，如子承父、臣承君。**天下之正理也。所履如此，**指悅順、陰承陽之道。**至順至當，**下順上，柔承剛，皆至順至當。**雖履虎尾，亦不見傷害。**見者被也。**以此履行，其亨可知。**衷心順後而行於天下，順由其道，故知其亨必也。

**【釋義】**

履者，謙而居後也，謙後以履險，柔履剛、陰順陽，履正也。

六三為履主，乘二陽而履，順而從之，柔履剛之象。三處兌體，正應於上九，說而應乎乾也。說通悅，和、順也。衷心和順，悅之本也；履時，和順必自衷心，方可履險而安。「說而應乎乾」不取六三不中不正，與六三爻辭取義有別。

內和順，無爭忿之心；外有正應，柔悅順於剛，內外交助，是以履虎尾而不咥人。涉險而能順安，其謙順之道必亨通無阻。

**剛中正，履帝位而不疚，光明也。**

**【程傳】**

九五以陽光中正，用剛健之行光大其中正之德。尊履帝位，苟無疚病，得履道之至善，光明者也。無一絲疵病。疚謂疵病，「夬履」是也。夬履乃任剛，不能和決，則有疚。光明，德盛而輝光也。輝光：輝耀其光，推己及人也。輝光自德盛來，盈則自溢，沛然不可禦，中心實也。

**【釋義】**

陽居上卦之中得正位，剛中正也。

履者，行其道也；帝位，九五也。履帝位，行其大剛至正、光明之帝德。

疚者，德才虧欠而愧居其位，程子謂有「疵病」，虧欠而中心不安，故疚。光明者：光，德自內，明德也；明，惠及人，明明德也；德由中出，不已其明，明其明德。

九五以大剛中正之德履帝位，履得其正，光明正大，自然而然，才德匹位，無所不稱，故內省不疚。

**【補遺】**

剛居中正，不炫其光而其光自輝，不耀其明而其明自明，內充盈必見諸於外，內有光必明照於外。

**《象》曰：上天下澤，履；君子以辯上下，定民志。**

**【程傳】**

天在上，澤居下，天地順也。上一作天下之正理也。正，言其不偏也。正理者，大公之理也。位正則理順，天地定位，理自順達。人之所履當如是，定其位而後行，名正言順，履也。故取其象而為履。君子觀履之象，以辯別上下之分，以定其民志。

知分而後志定，志定則所行皆在分內，不求分外之欲。朝堂君臣定位，百姓率而從之，則天下自安，夫子所謂「必也正名乎」。**夫上下之分明**，知其分而不逾為分明。分者，君臣之分也；明者，確然有界也。**然後民志有定。**治理者君臣分明，則百姓自反而守其分，故能安其志慮於下。**民志定**，樂業安土也。**然後可以言治。**天下順正，治也。君臣正，百姓安，順正也。**民志不定，不能安土樂業也。天下不可得而治也。**民為邦本，本不寧，天下不安，豈可得而治也。**古之時，公卿大夫而下，位各稱其德，終身居之，得其分也。**位未稱德，德高而位卑。稱，配也。**則君舉而進之。**君進其位以稱其德。**士修其學，學至而君求之**，士不得自薦，修己而順受其命則可。**皆非有預於己也**，士修學，不預求祿位；學至，祿位自至。言安其分、修學以待命。**農工商賈勤其事，而所享有限**，享其分內之享即可，不奢靡而越其分。限，猶「定」也，分之所限定也。**故皆有定志而天下之心可一。**有分定，天下之志一；所謂「一」者，眾聚而各安其分，上下順，故能同其心而一也。**後世自庶士至於公卿**，庶，眾也。**日誌於尊榮**，尊榮，欲也。日誌於尊榮，天下競於欲，交相於利。志出離於分，所謂不安其分而「有預於己」者。**農工商賈日誌於富侈**，君子志於尊榮，則小人志於富奢，上不正，下順之不正。**億兆之心，交騖於利**，競奔於利。**天下紛然**，天下人皆不安其位，紛然欲出其分。**如之何其可一也？**一，定也，定上下之心。「後世」以下數語，乃是孟子告梁惠王之義：上下交征利而國危。**欲其不亂**，交征利則不守分，不守分則君臣上下不能履禮，不能履禮則天下亂矣。**難矣。此由上下無定志也。**君子定志於修明德，則小人定志於勤於事。**君子觀履之象，而分辯上下**，君子懷德，小人懷土，分辨上下也。**使各當其分，以定民之心志也。**上興以禮樂，下必定民心，古今概莫例外。所謂興禮樂者，非玉帛鍾鼓之謂，乃為治理者以德為志，上下序順，清廉節財，惠民愛民。

## 【釋義】

上天下澤，剛上柔下，天地順也。天地順而為履，履正也。履者，順乎禮也。禮者，大源源自天地之正。人履禮，乃順天地之正，而履人倫之正。

君子觀履之象，順乎禮以辨君臣上下，君臣定而萬民安。

辨上下，即辨君臣、父子、長幼之分，上下不逾其分。「辨」，五倫皆在分上有定，各居其分，不亂其序。君子有定，不亂其序，則朝堂定；朝堂定，則小民順而從之，懷土而安，如此則天下治。

## 初九：素履，往无咎。

## 【程傳】

**履不處者**，履以行為義，非處而不進也。**行之義。**爻辭有「往无咎」，故程子言「履不處」。**初處至下，素在下者也**，素者，無飾、樸也。樸在下者，居卑者以樸直之道往交

於人，正其本也。**而陽剛之才，可以上進，若安其卑下之素而往，**剛立而能安其素位，處卑而能以禮修己。**則无咎矣。**不偽飾其素常而往，直其道而行，則无咎。**夫人不能自安於貧賤之素，**進德則自能去其貧賤，為而去貧賤，非其道也。**則其進也乃貪躁而動，**求利之進必貪躁。**求去乎貧賤耳，**口食之志。貧賤安之，求而去之，逐利越分也。**非欲有為也。**有為於道也。**既得其進，**求利而得進，進以利也。**驕溢必矣，**驕上傲下，必溢滿而出離其素常之位。**故往則有咎。**逾分而往，往必僭越居上者，行以非分則有咎。**賢者則安履其素，**安以道言，不可安以利。不華飾取悅於人，直道而往，行其素而安之。**其處也樂，**進則素行，處則不擇。處於富，樂道；處於貧，亦樂道，不改其素也。**其進也將有為也，**進非為利，有為於道。**故得其進則有為而無不善，**進於道則無不善。**乃守其素履者也。**言不改其初志也。

**【釋義】**

初為始處卑，九為剛居正，剛以正為性，始行以正，初九也。

順剛正之性，率而行之，素履也。素者，直也，樸也，無修飾之謂。素履，行其素也，直行其道，無一絲增飾，敬以直出，「率其素履者也」（朱熹）。率，直出而順由其道，率性之謂道之「率」。凡人與人交接，行其平素所為，勿為巧言令色，素履也。王弼言「履道惡華」，素樸本是善根，華為巧飾，惡華飾而掩其誠也。

人之樸素，本為善，性根於善之故，故行其素，即行其善之不可已者。

初九行其素行，素行其正，即行其正也。

履以行為義，故必有「往」者。往者，乃往行其道也。以直往，素行其正也。履，乃履禮而行正。素履，直行其正，其素在素履直道，故往而无咎。

**【釋義】**

素履二字，需看得仔細，摳得要緊。素字本有善義，人之始出無利欲污染，乃為素。故素履，直行其本來之正。故「素」字亦有「直」義，非僅「平素」可盡涵。「履」字也非僅作「行」解，當與「行禮」、「行敬」合起來看。素履，乃有素行其正；否則，不以正道行，何來「无咎」？素履，便是在初始處自然行得正，不改其天然本善之行，素履也。

《象》曰：素履之往，獨行願也。

**【程傳】**

**安履其素而往者，**安，定也；初九之素，剛履其正也。**非苟利也，獨行其志願耳。**

獨，專也。「專」有精一義。行道不忒，精一不雜，專也。**若欲貴之心與行道之心，**貴在外，道在己。欲貴則期慕於外，行道則反求諸己。**交戰於中，**義利交戰於中心，則不能專而獨行。**豈能安履其素也？**專而獨行，則能內充滿而自信，能自信則能使人信，故得安履无咎。

**【釋義】**

素履之往，敬直以往，直行其道，無所依傍，獨行其素正之願。

初九剛居其正，故其素乃為剛正。初九素行剛正，不繫名利，且上無正應，無朋黨之繫，故其行為「獨」，獨行其正。行願者，行初九剛正之志願也。孟子說：「雖千萬人吾往矣」，獨行願也。

**【補遺】**

獨，非指行道無友，乃指不為名利繫絆，剛立而不改。獨以道言，獨立於道，立於此，行於此，貞固於此而不遷，獨行而不慕於利。

行道者必以剛健不欲，能立得住，處困窮卑微也不遷其志，當得起「獨」。若求名利者，則逐於外，必不擇手段，苟合屈道，安能獨行！「獨」有浩然之氣充盈之象，充實而出則可獨立。志剛而獨立，不為物遷，不願乎其外，獨行願也。

## 九二：履道坦坦，幽人貞吉。

**【程傳】**

九二居柔，二、四、上皆為柔位，剛居柔則有柔之意。「居」非指居處不作為，居君則行君之事，「居」有「行」義，剛柔則行柔之事。**寬裕得中，**剛居柔位本不過中，且又居下卦之中，故有寬裕之義。**其所履坦坦然，**履正則不疚，履中則不偏，不疚而公，無所行而不坦然。**平易之道也。**履正則平易，逐利則險阻。**雖所履得坦易之道，**坦易之道，大道也。澹臺滅明行不由徑，行坦易之道也。**亦必幽靜安恬之人處之，**韜光為幽，不雜為靜，處分為安，安處自恬。**則能貞固而吉也。**九二陽志上進，**故有幽人之戒。**戒之履虎尾當慎進，不可躁勇。

**【釋義】**

儉、奢皆過禮之中節，九二剛居柔中，陰陽和合，履道坦坦之象。

坦坦，言以平易也。大道至廣，本為坦夷，故履之自坦坦，順之而已。君子直道而行，行自性分出，履而順其性，沛然而出，無隱晦無私匿，光明正大，其道自坦坦。

君子居易以俟命，坦然而行、坦然而待。坦坦二字，與初之「素」義近似，有不修飾、不隱飾之義，唯如此，坦坦也涵「大」義，其道廣大必坦然。

幽人，謂能安恬自處之人，不耀光，不為物議而沮其志，處幽而不悔，遯世而不悶。二雖剛居柔，但親比六三，故易見利而撓其志，故聖人復戒之當以「幽人」自處，貞固則吉，諄諄之心深矣。

《象》曰：幽人貞吉，中不自亂也。

**【程傳】**

**履道在於安靜。**安者，安處其分；靜者，止息雜念。**其中恬正**，處其中則能恬正：恬自中出，不離正也。恬，安適而不勉強。恬正，素行而正。寬居其正，自有恬然之象。九二剛居柔中，又悅體，有恬正之態。**則所履安裕。**履於安所而能寬裕也。裕，寬處也；夫子恭而安，裕也。**中若躁動，**中心不安則躁。躁而動離所位，躁動也。動自躁出，妄動也。**豈能安其所履？**豈能履幽而安乎？**故必幽人，則能堅固而吉。**堅固其幽人之志欲。**蓋其中心安靜，**安靜，純而不雜。守道精一，不雜於利。**不以利欲自亂也。**不以利欲自亂其心。

**【釋義】**

幽人能晦其德光，不為外誘，貞守中正，安其素分，恬然自處，中不自亂也。

中者，處其分內而不偏離也；亂者，亂其素分之常也。

**六三：眇能視，跛能履。履虎尾，咥人凶，武人為於大君。**

**【程傳】**

三以陰居陽，陰居陽，位不正，無德也；柔行剛，力不逮，無才也。**志欲剛而體本陰柔，**無才無德。**安能堅其所履？**行與性違，不守其根，不得長久。**故如盲眇之視，**其見不明；**跛躄之履，**躄 bì，腿瘸。其行不遠。**才既不足，**陰柔也。**而又處不得中，**不居二位，且又居上。**履非其正，**陰居陽。**以柔而務剛，**務剛，「志剛」也。陰柔行剛正之事。**其履如此，是履於危地，故曰履虎尾。**以不善履履危地，眇跛者行危地。三剛乘於上，危地也。**必及禍患，故曰咥人凶。武人為於大君，**如武暴之人而居人上，武暴之人，恃強而力不足者。上，三爻之位，下卦之上者。**肆其躁率而已，非能順履而遠到也。**順履，柔順後於剛；率其真性而行，故能遠到。**不中正而志剛，**處不中正又柔而志於剛。志剛：志行剛也。**乃為群陽所與，**一本為「所不與」。與，助、贊同。**是以剛躁蹈危而得凶也。**柔處剛而務「剛」，不安分而「躁」矣。

**【釋義】**

六三柔居剛，不中不正，躁動不安於分，陰柔又無能為，故其所行，視而不明眇也，行而不健跛也。然眇而強為視，跛而強為履；履者，履禮求安也，以眇跛之行而求其安履，豈有不凶乎？故言「履虎尾，咥人凶」，以眇跛之態涉險履虎尾，必至於咥人凶，不自量也。

武人，恃強之人，暴虎馮河者。大君，行道之君，敬事而懼者。不自量之武人，如眇跛之人，偏以大君自居，不能敬事而懼，其行必乖忒強猛，處高位又必肆其剛暴，必凶矣。

**【補遺】**

初九素履，九二履道坦坦，皆行其素履，自性分出，不強為。六三才質柔弱，不安其分，而強行之，行非自性分出，必履險而凶。

《象》曰：眇能視，不足以有明也。跛能履，不足以與行也。

**【程傳】**

陰柔之人，其才不足，視不能明，不居分內，不明也。行不能遠，不由其道，不遠也。而乃務剛，不安於眇跛而行剛健之事。所履如此，其能免於害乎？履而失正，事不成而危及其身。

**【釋義】**

眇者，視不明也；跛者，行不穩也，皆內不足以涉險。以眇跛而行於險，能無傷害乎？六三以柔弱之質強行剛強之事，不能反求諸己而安於素分，不足以與行也。與行，與之共事之謂。

咥人之凶，位不當也。武人為於大君，志剛也。

**【程傳】**

以柔居三，履非其正，三為剛位。所以致禍害，被咥而凶也。皆由履居不正。以武人為喻者，以其處陽，才弱而志剛也。「剛」此處非指剛正，乃是剛猛。志剛則妄動，所履不由其道，柔而擬剛，不由其道也。如武人而為大君也。

**【釋義】**

以柔行剛，位不當也，有咥人之凶。六三以柔行剛，才不足也，若武人無中正之德、剛明之才而履大君之位。

才柔而志剛，不能反己而正，出離其分，必摧折其剛而蹈凶也。

九四：履虎尾，愬愬，終吉。

**【程傳】**

九四陽剛而乾體，<sub>上卦為乾，四居乾之下，居乾體也。</sub>雖居四，剛勝者也，<sub>剛居乾體，兩剛也；兩剛勝一柔，剛勝者也。</sub>在近君多懼之地，無相得之義。<sub>四、五皆剛，與五不相得也。</sub>五復剛決之過，<sub>五剛居剛位，又居乾體，三剛也，故有剛決之過。</sub>故為履虎尾。愬愬，畏懼之貌。若能畏懼，<sub>畏懼於外則能自反於內，故能復歸其正。</sub>則當終吉。蓋九雖剛而志柔，<sub>居柔地。</sub>四雖近而不處，<sub>「不處」者，不過剛，以剛居柔也，能敬事而不廢臣道。</sub>故能兢慎畏懼，<sub>乾之九三「終日乾乾，夕惕若，厲无咎。」既要兢業做事（兢慎指事），又需有畏懼之心（畏懼指心）。</sub>則終免於危而獲吉也。<sub>獲者，四之所處不當得吉，然能敬慎畏懼，故獲吉。</sub>

**【釋義】**

履險而惕懼，恒自敬慎，終必吉也。

四近五居後，五有剛決之過，四健體居柔，故有履虎尾之象。愬愬，畏懼之貌，二字疊加，不已其愬愬，不敢忽怠，恒自慎也。履險而能克敬其事、畏懼自省，以柔處之，終得吉也。

《象》曰：愬愬終吉，志行也。

**【程傳】**

能愬愬畏懼，<sub>愬於外則敬於內。</sub>則終得其吉者，志在於行而不處也。<sub>柔處而不廢事，故能不處於危。去危則獲吉矣。</sub>陽剛，能行者也；<sub>能兢慎其事也。</sub>居柔以順，<sub>剛居柔，不過剛也；以順，順其臣道也。</sub>自處者也。<sub>順九五而卑自處也。</sub>

**【釋義】**

恒敬其事，戒懼不怠，則其志必行。剛居柔，柔事君也。以柔順事剛夬之君，其志必行也。

九五：夬履，貞厲。

**【程傳】**

夬，剛決也。五以陽剛乾體，<sub>陽居剛位又居乾體。</sub>居至尊之位，任其剛決而行者也。<sub>任，自任也。履道以安謙為本，任剛則違謙也。</sub>如此，則雖得正，<sub>九五剛明尊位，決斷是其分內事，故言貞，得正也。</sub>猶危厲也。<sub>履道為謙，夬履違謙，有危厲也。</sub>古之聖人，居天下之尊，明足以照，<sub>照人之賢愚、事之隱顯。</sub>剛足以決，勢足以專，<sub>剛言無私繫之絆，故足以決。勢以位言，九五處至尊之位，以臨天下，足以專制也。</sub>然而未嘗不

盡天下之議，廣納天下之公議。盡，此處有周備容納、無所遺漏。**雖芻蕘之微必取**，芻蕘，微賤之人。雖微賤之言也必有所取，盡天下之議也。**乃其所以為聖也**，內明而周聽，足以為聖也。**履帝位而光明者也**。剛居中德，光明也。居中而能廣納天下人言，亦光明也。其明周照無遺，光明也。**若自任剛明**，以眾人之剛明為剛明，方是剛明。恃一己之剛明，非剛明也。自任，任私也。**決行不顧**，果決其行而不顧眾議。**雖使得正**，雖使一時得正。領帥固有剛決，為正。**亦危道也**，縱之不反，則危道也。**可固守乎**？豈可固守其專私乎？**有剛明之才**，苟專自任，猶為危道，況剛明不足者乎？《易》中云「貞厲」，義各不同，隨卦可見。

### 【釋義】

夬，音 guài，剛決也。九五剛中而正，有明斷之才，居尊位而勢足以獨專，又處健體中，益其剛決也；下體為兌，群臣悅服而順從之，更助長其剛斷果決之行，故九五有「夬履」之象。其夬雖正，然果於剛勇，有違履謙之義。

「貞厲」，為告戒之辭。貞，固執「夬履」；厲，危厲。固執「夬履」之道，則有危厲。

王弼：「履道惡盈而五處尊，是以危。」履道貴謙損，忌盈滿，夬履剛滿盈也，故為「厲」。干寶：「萬方所履，一決於前，恐決失正，恒懼危厲。」九五夬決，而「恐決失正」。二說皆有意趣，可參考。

《象》曰：夬履貞厲，位正當也。

### 【程傳】

戒夬履者，以其正當尊位也。履之越高，戒懼越甚，故見「夬履」之象而戒之，戒之勿任剛也。**居至尊之位，據能專之勢**，處五也。**而自任剛決**，五之位乃天下之共主，天下事當天下人共決之。五自任剛決，絕天下之議，故自任剛決，不復任天下之剛決也。**不復畏懼**，五之尊位，非自能處高，乃天下人共推之以高，故當惕懼惶恐，誠盡己心以合天下人之心，則可得正。**雖使得正，亦危道也**。

### 【釋義】

履時，柔履於剛後，下履上、柔履剛，謙卑其行，為履之正。九五夬履，非柔履剛、非下履上者，履之非正也。九五剛處正位，以夬履為其貞，履非其正，貞而不改，故有厲。

「位正當」釋「夬履貞厲」，夫子未作褒貶，大概「厲」凶象顯然，不復費辭。位正當：位正、位當也；位正，貞也；位當，其處當此厲。九五剛處中

正，當此尊位，故有此「夬履貞厲」諸象。

九五剛居正，爻本有夬象，因夬生厲，是其位正當其厲。當，即當其貞，也當其厲，福禍相依，皆當之。

### 上九：視履考祥，其旋元吉。

**【程傳】**

上處履之終，於其終，視其所履行，視，考察也。以考其善惡禍福。若其旋，旋，周備完滿也。則善且吉也。旋謂周旋完備，德完無虧，業備無損。無不至也。善無不至。人之所履，考視其終，若終始周完無疚，周旋完備，終始一道，故能无咎於心。善之至也，是以元吉。人之吉凶，繫其所履善惡之多寡，吉繫於履善多，凶繫於履惡多。此處「履」，非為履禮，僅為「行」。吉凶之小大也。

**【釋義】**

上九，於履卦之終，考察其履歷，終能復始，履善之道，故云「視履考祥」，慎其善終也。視，回視既往，詳細審查。履，履之歷程。考，參考也。祥，善也。視履考祥：審查其履歷，以考其善惡禍福。考祥，只列祥，已涵括惡與禍。旋，周備，德業無虧之義。考祥而旋，至善也，是以元吉。

### 《象》曰：元吉在上，大有慶也。

**【程傳】**

上履之終也，人之所履善而吉，至其終，周旋無虧，德業周備而無虧損。乃大有福慶之人也。人之行貴乎有終。有終，效天之道。

**【釋義】**

盧景裕曰：「王者履禮於上，則萬方有慶於下。」履禮者，行敬慎之道也，上順於天，元吉在上也；下應於民，大慶於下也。順應之道，周旋無虧，乃不敢有私作，中華文明之根本所在。

西方文明則不然，乃以人類理性為中心，以私作宰制自然，又以白人私利為中心，宰制其他人族，元兇在上，大有禍焉。

**【小結】**

履者，履禮，柔藉剛也。出門如見大賓，使民如承大祭，履虎尾之義──謙讓敬順也。履而能謙讓敬順，則義順事成，無往而不利，反之則凶妄矣。